让 我 们 一 起 追 寻

SOGASHI NO KODAI
by Takehiko Yoshimura

© 2015 by Takehiko Yoshimura

Originally published 2015 by Iwanami Shoten, Publishers, Tokyo.

This simplified Chinese edition published 2019
by Social Sciences Academic Press, Beijing
by arrangement with Iwanami Shoten, Publishers, Tokyo

[日] 吉村武彦 作品

苏我氏的兴亡

蘇我氏の古代

吕灵芝 译

社会科学文献出版社
SOCIAL SCIENCES ACADEMIC PRESS (CHINA)

致中国读者

由于苏我氏这个"氏"（Uji）在中国与日本的形态有很大差异，我想先谈谈"氏"的问题。

在中国，按照男性血脉关系集结的宗族（氏族）集团，以"姓"来区分。秦、汉以后，代表氏族政治地位的"氏"与"姓"逐渐混同，最后两者意义几乎一致。

中国的姓氏通常为单个汉字（单姓），成为皇族的氏族也同样使用姓氏，比如汉朝刘氏、唐朝李氏，皇帝都来自这些氏族。由于氏族集团供奉同一个祖先，过去曾有禁止氏族集团内部（同姓）通婚的习俗（同姓不婚）。

与氏族制度完善的中国不同，从严格意义上说，日本并不存在真正的氏族。而且在日本古代早期，甚至不存在"氏""姓"这样的名称。5世纪"倭五王"时代，为了与中国南朝宋缔结外交关系，倭国王才以国名"倭"为姓，自称"倭（姓）武（个人名）"（获加多支卤，即后来雄略天皇的名称）。至于一般民众，则没有姓、氏。日

苏我氏的兴亡

本国王一族只在 5 世纪称过姓，与中国古代皇帝截然不同。

5 世纪末到 6 世纪初，日本大和王权逐渐形成了氏与可婆根姓的秩序。氏（比如中臣）的秩序由可婆根姓（中臣为"连"，后改为"朝臣"）来体现。创造这一秩序的国王没有氏，这个现象一直持续到今天。天皇只拥有个人名，例如将在 2019 年 4 月退位的天皇叫"明仁"，即将即位的新天皇则叫"德仁"。

日本氏（Uji）的名称由它与大和王权的政治关系来决定，基本可分为两类。一类像"中臣"一样，以"职能"作为名称，也就是"负名氏"。中臣氏参与"维系神与人之间关系"的祭祀活动，只要背负中臣之名，就要从事祭祀工作。另一类是以地名为氏族名称，例如苏我氏，它在古代就支配着名为苏我的地区。苏我氏的可婆根姓为"臣"。拥有"连"或"臣"这些可婆根姓的最高执政官，被称为"大连""大臣"。大臣的名称一直沿用至今，已经演变为官职名。

现在日本人的姓氏叫作"苗字"。这一用语始于 12 世纪初日本人以地名或官职为名。地名多为二字，因此大部分姓氏为二字姓。常说日本古代有"源、平、藤（藤原）、橘"四大氏，实际上在奈良时代以前，推动日本古代政治发展的氏，是苏我、平群、巨势等"臣"氏，以及大伴、物部、中臣等"连"氏。

大臣苏我氏从6世纪以后崛起，主张引进佛教、利用渡海移民（归化人）进行国家运营，以开明氏族的特征活跃在政坛上。到7世纪，苏我氏已经掌握权力，发展成了与天皇对抗的政治势力。

这种豪族与国王的并立，是东亚诸国都出现过的政治现象。在日本，苏我氏在掌握权力的同时，还将女儿嫁给天皇成为后妃，从而作为天皇亲族影响政治权力。但它与飞鸟、奈良时代的藤原氏不同，没能引进律令法，创造出通过荫位制稳定子孙地位的政治制度。因此，中大兄（后来的天智天皇）等人在大化改新中使苏我本宗家灭亡。本书就试图通过苏我氏的兴衰来阐述古代日本的政治情况。

目　录

前言　何谓"苏我氏"

苏我氏是否灭亡

在古代日本，尤其是奈良时代以前的人物中，说到最有名的人，不知各位会想到谁？热爱古代史的人士想必会举出许多名字，当中无疑会有厩户皇子（圣德太子）之名。

众所周知，厩户皇子活跃于"天皇"额田部皇女（推古天皇）时代，以"太子"名义协助天皇进行统治。这一时期（即 7 世纪前半期）也被称为"圣德太子时代"。当时，以"大臣"身份辅佐两人的便是苏我马子，也就是作为本书主题的苏我氏在当时的族长。此事被记录在号称厩户皇子"传记"的《上宫圣德法王帝说》中："少治田宫御宇天皇（推古天皇）之世，上宫厩户丰聪耳命（厩户皇子）、嶋大臣（苏我马子）共辅天下政而兴隆三宝。"这已被学界认定为事实。也就是说，在 7 世纪的

苏我氏的兴亡

日本，苏我氏曾与厩户皇子一道，活跃在当时的政治舞台上。

然而，尽管厩户皇子至今仍负盛名，苏我氏却似乎普遍受到嫌恶。不仅在现代，早在 8 世纪完成的史书《日本书纪》中，就已经出现了对苏我氏的嫌恶。这是为什么呢？

其中的一大要因，想必就是围绕苏我氏"灭亡"的一连串事件。在皇极四年（645）六月十二日发生的乙巳之变中，苏我马子之孙苏我入鹿遭到暗杀；翌日，入鹿之父，亦即马子的长子虾夷也自尽了。至此，马子—虾夷—入鹿所传承的苏我氏本宗（一族嫡系）宣告灭亡。其后，以中大兄皇子（后来的天智天皇）为中心，日本展开了名为大化改新的国内改革，《日本书纪》将其定义为律令制统治的开端。在这个诞生于大化改新的统治体制中，苏我氏本宗实际上是"必须被排除的要素"。所谓"苏我氏反贼说"恐怕也由此产生。

但是，部分人所谓"大化改新使苏我氏一族彻底灭亡"的说法实为谬误。从事实来看，在号称令苏我氏灭亡的乙巳之变中，入鹿的堂兄弟苏我仓山田石川麻吕（有时简称石川麻吕）加入了中大兄皇子一派。由此可见，所谓苏我氏的灭亡，实际上只是本宗的灭亡。大化改新后，仓山田石川麻吕官封右大臣；到天智朝，苏我连子成为大臣；在大友皇子的朝廷，苏我赤兄又担任了左大臣一职。应该说，苏我氏非但没有灭亡，反倒在后来也一直活跃在群臣之中。

此外，如后文所述，被归为苏我一系的氏族众多，根据《古事记》孝元天皇部分关于建内宿弥的传说，奉"苏贺石河宿弥"为祖先的氏族有苏我臣、川边臣、田中臣、高向臣、小治田臣、樱井臣、岸田臣七氏。由此可知，苏我一系的氏族并未彻底灭亡。

不过，大化改新后依旧作为群臣辅佐朝廷的苏我氏，在从天智驾崩到壬申之乱这段时间里，加入了天智之子大友皇子一派。为此，壬申之乱中胜出的大海人皇子（天武天皇）即位后，"苏我氏"就几乎没再出现在历史舞台上。或许由于这些前因后果，天智朝和大友皇子政权下苏我氏的活跃才会在后世不再受到赞赏，总体上演变为"苏我氏反贼说"单方面横行的态势。在其后的时代中，从"苏我"改姓而来的"石川"氏开始活跃。换句话说，"苏我"之名成了一个忌讳。这一现象为何发生，是一个值得深思的主题。

再补充一点，《日本书纪》并没有全盘否定苏我氏本宗的行动。大化改新后即位的孝德天皇在《大化僧尼诏》中讲述了佛教兴隆的始末，肯定了苏我稻目在钦明天皇时期的辅佐，以及苏我马子在敏达天皇时期的佛法信仰和在推古天皇时期的佛像制作及僧尼供奉之举（大化元年八月癸卯条）。然而诏书中丝毫没有提及虾夷、入鹿父子，不得不说，即便是在苏我氏本宗一系中，此二人受到的嫌恶也尤为强烈。

"苏我"的语义和"稻目疮"

苏我氏首次登上历史舞台，应该是以 6 世纪宣化天皇和钦明天皇时期的"大臣"苏我稻目为契机的。此人是苏我马子之父，关于苏我氏一族的发祥，将在本书第二章进行详述，此处且对其名称由来进行一番考察。

根据《古事记传》记载，苏我氏的"苏我"这一名称应该源自地名，并很可能是大和国高市郡的曾我（苏我）（『古代地名大辞典』）。"苏我"的表记方式还有"宗贺"（『古事記』）、"宗我""巷奇"（『上宮聖徳法王帝説』）等，但古代日语皆以音为本，表记只是次要的，故表记不同并不重要。不过从"苏"（so）、"我"（ga）（两者皆为汉语音）这种一字一音的表述来看，可以判断这一名称采用了比较古老的表述方法。

那么，"苏我"这个地名究竟有什么意义呢？在《万叶集》中可以找到提示其语义的和歌："宗我河原上，不停千鸟鸣。哀鸣无间断，是我恋君情。"（ま菅よし宗我の川原に鳴く千鳥間なしわが背子我が恋ふらく

は，3087）① 这首和歌意为：宗我河岸边鸟鸣不绝，我对你的思念亦如那鸟儿的鸣唱（新日本古典文学大系本）。

这条流淌在宗我（苏我）之地的河流，想必就是苏我川（今曾我川）了。修饰宗我的枕词"ま菅よし"（masugayoshi）被分析为："菅（suge）与宗我（soga）读音相近，故冠在宗我之前。'よし'与'青丹よし'（aoniyoshi）的用法相同。"②（『時代別国語大辞典』上代編）黛弘道在这个解释的基础上，提出了"宗我（soga）即菅（suga），就是薹草"一说。同时他又指出：薹草是清净、神圣的植物，在咒术中拥有净化力量；宗我之地薹草繁茂，意味着那是一片神圣的土地（『律令国家成立史の研究』）。关于苏我地名的解释，如此应该足够了。

另外本书还将提及，苏我氏古时与葛城氏亦有十分深厚的关系。葛城的"葛"也是植物。"葛"是蔓草的统称，因藤蔓能够伸展极长，"玉葛"（tamakazura）便成了冠在"无断绝"之前的枕词（『岩波古語辞典』補訂版）。此外，后来被称为"四主姓"的"源""平""藤"

---

① 《万叶集》诗歌译文摘自《诗苑译林·万叶集》（杨烈译，湖南人民出版社，1984），下同。本书所有脚注均为译者注，无特殊情况不再另做说明。

② "ま菅よし"与"青丹よし"皆为和歌中的枕词，起到调整语调、修饰特定词语的作用，一般不具意义。

苏我氏的兴亡

"橘"中，藤原氏的"藤"同是藤蔓植物，"藤原"亦可写作"葛原"。而"橘"则是"柑子蜜柑等食用柑橘类的总称"（同上）。像这样以植物名称为氏，可能是为了取藤蔓植物可舒可卷的强悍生命力，以及通年不落叶的常绿植物等特征特性，将其作为氏族的特征传承下去。苏我之名同样与植物有关，这点也很值得深思。

顺带一提，"苏我稻目"这个名字里，稻目的读音为"いなめ"（iname），这个事实毫无争议，然而在6世纪前半期，并没有证据证明"稻目"这一基于日语训读法的表述真正存在。实际上还有"伊奈米"（『上宮聖德法王帝説』）和"伊那米"（『元興寺露盤銘』）这样的表述。这个名字语义不明确，或许与"いなのめ"（inanome）有所关联。《万叶集》中有"天明势必行"（いなのめの明けさりにけり，2022）之句，此处的"いなのめの"（inanomeno）是冠在"明"之前的枕词。该词语源及用法的演变并不明确，有人将其解释为"睁开惺忪睡眼之意"，也有人将其解释为"草席空隙之意"（『古語大辞典』）。

有趣的是，平安时代存在一种名为"稻目疮"的疾病。根据《日本纪略》记载："天下众庶烦疱疮。世号之稻目疮。"［长德四年（998）七月是月条］虽然确切内容不详，但根据《日本书纪》记载，钦明十三年百济圣明王赠释迦佛金铜像，物部氏、中臣氏与苏我氏经过一番争抢，最终由稻目获得佛像。不过其后"国行疫气，致民夭残"（『日本紀略』钦明天皇十三年十月条）。"稻目疮"这个称呼，可推测与此事有所关联，但或许也只是后世虚构的产物。

苏我氏与大伴氏、物部氏

苏我氏以苏我之名活跃的时期在 6 世纪到 7 世纪末期。可以认为，苏我氏诞生于 6 世纪初期，只是在那之前，很难判断日本列岛是否存在"氏"这种集团。当时虽然存在与"氏"集团性质相同的氏族集团，却并没有被称为"氏"。可以这样判断：最初有"大伴氏""物部氏"这种隶属日本大和王权，以"职能"为名的氏族形成，其后，像苏我氏这种以"地名"为名的氏族也随之诞生了。

在上文提到的"大臣"苏我稻目之前，还出现了一些豪族人物。根据《日本书纪》对继体天皇的记载，大伴金村和物部麁鹿火曾以"大连"身份出现在历史舞台上。"大臣"与"大连"是在《日本书纪》天皇统治时期登场的群臣中两个最高执政官员的称号。可以认为，这两种官职在继体天皇以后应该都实际存在。"臣""连"是由国王赐予群臣，以宣示其政治及社会地位的"（可婆根）姓"①，而"大臣""大连"则是各自体系中的最高称号。有趣的是，被赐予"臣"姓，出任大臣的苏我氏等，都是以地为名的氏族。与之相对，被赐予"连"姓，出任大连的大伴氏和物部氏等，都是以职能为名，被称作"负名氏"的伴造（tomonoyatsuko）氏族。

例如"大伴"这一名称，是指管理大和王权下"伴"〔所谓伴（tomo），是指凭借自身劳动力侍奉王权的人〕集团的氏族。而物部氏则居于向大和王权进贡物品的"物"氏族集团的中央地位，是管理这些集团的氏族。正因为伴造氏族以自身职能为名，所以被称作"负名氏"。与之相对，臣体系的氏族都在特定地区拥有政治根基，可以说是以地为名的氏族。关于这些氏族的历史意义，本书将以苏我氏为对象，从第二章开始进行论述。

令人感兴趣的是，在这些豪族居住的奈良盆地中，如图0－1所示，连系氏族多位于盆地东侧，臣系氏族则位于盆地西侧。这样的分布图只能显示出大致倾向：大伴和物部位于盆地东南部，苏我氏在南部，其余臣系大氏族，例如巨势、葛城、平群则位于盆地西部和西南部。这一位置关系在思考大和王权的建立和结构时，应该能起到重要作用。

---

① 此"姓"读音为"kabane"，汉字表述为"可婆根"，为与中文普遍意义之"姓"相区分，本书翻译为"可婆根姓"。

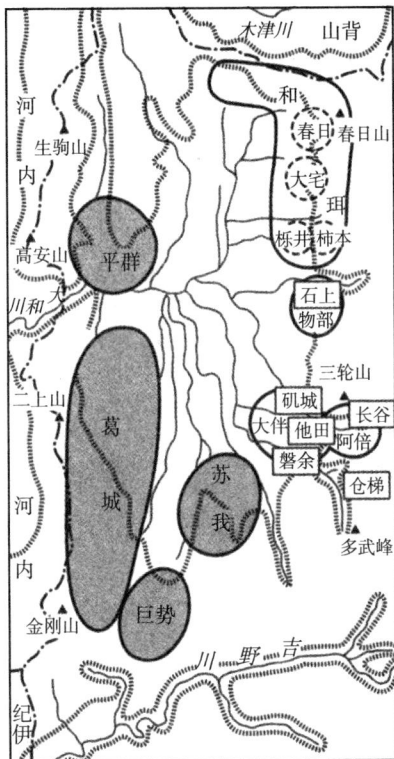

图 0 - 1　大和国豪族分布图（阴影部分为臣系氏族居住地）

总而言之，这些氏族以国王（后来的天皇）为核心，构成了大和王权的朝廷体系。至少就伴造氏族而言，日本的"氏"诞生于对国王（天皇）的"侍奉"关系。因此，他们的名称与其说是氏族名称，不如说是从与王权的政治关系中诞生的职能集团名称。这与以氏族名称为"姓"的中国相比，是一种截然不同的社会结构（将于第一章详述）。在中国，王也从属于氏族，而在日本，氏的称号和姓的称号都由国王赐予。因为大和王权建立起了这样的姓氏秩序，国王本身就不必称氏。换言之，国王是超越了姓氏关系的存在。

另外，大和王权的国王也不同于以故有地名为名，扎根于特定地区的氏族。相反，王宫还有"历代迁宫"的习惯。每更替一代国王，就会改变王宫所在地，因此，国王也成了超越特定地区的存在。

写作目的

本书以苏我氏的氏族兴亡为主题，回溯从大和王权时期到中臣氏（藤原氏）兴盛的奈良时期这段历史。

苏我氏活跃于上古时期，尤其在大化改新之前，拥有较大的政治影响力。然而壬申之乱以后，这个氏族便失去了政治地位，随着时代变迁，以镰足到不比等这些人物为代表的藤原氏开始活跃起来。尽管如此，那也是以氏族名称论胜负的时代，本书希望挖掘的，就是这一"氏族时代"的历史。

遗憾的是，这里说的"氏"即使在古代史中也极难解释，一般来说，普通学生在初中、高中最初遇到的难题就是"部与部民"和"姓氏"这些知识点。部分原因应该在于，古代"姓氏"与现代的"姓""姓名"存在意义上的不同。

现在，各位读者都拥有诸如佐藤、铃木这样的姓，以及个人名。其中多数并非"源""平""藤""橘"这样的氏族名称，而是所谓的"名字"。普遍认为，日本名字起源于12世纪前后，从那一时期开始，大氏族以地名和官职为名。和铜六年（713），行政地名开始使用二字嘉名，故地名多为二字。因此，日本人的姓氏也多为两个汉字。若要指出氏族名称与姓的不同，最主要的便是称呼氏族名称时，会在氏族名与个人名中间加入"之"进行发音，如"大伴家持"（おおとものやかもち）① 就要读作"大伴之家持"。而称呼名字时，就如"德川家康"（とくがわいえやす）② 这样，无须加入"之"（德川的氏为"源"）。不过，现代姓名即使源自氏族名称，也不会加入"之"。综上所述，"氏"也具有一定历史沿革，而苏我氏便是最古老的"氏"名之一。

本书以日本列岛的氏族形态为基础，在第一章详细介绍了氏形成的历史背景。因此，想直接了解苏我氏历史的读者，可以直接从第二章"苏我氏的登场"开始阅读。

---

① 　读音为 Otomo no Yakamochi。

② 　读音为 Tokugawa Ieyasu。

一 氏的诞生——以氏为名

1 关于王之名——从中国史书进行考察

中日氏族与氏（姓）的名称

正如序言所述，苏我氏之"苏我"是取自地名的"氏"。日本列岛本不存在姓名。目前的基本看法是，日本在 5 世纪与中国的外交往来中，沿袭中国制度引进了姓（或氏）的体制。然而，当时日本与百济等国也交流甚密，百济又与南朝的宋朝等有所来往，由此应该认为，日本同时受到了中、朝两方面的制度影响。然而日本的"氏"与中国的"氏族"形式并不相同，因此不得不说，两者实际上有着不同的特性。

在中国，由共同祖先繁衍出的父系同族血统集团被称为"宗族"，宗族名称为"姓"。因此，可以根据姓来判断彼此所属集团是否为同族。这样的同姓集团，应该相当于人类学上所谓的"氏族"（clan），但在过去的中国，同姓的同一氏族男女不能缔结婚姻关系（同姓不婚）。

从姓中分化出来，根据政治背景和居住地名等成立的血缘集团则被称为"氏"。这便是"由姓到氏"。姓到氏的分化，可见于《太平御览》之《人事部三》"姓"和"名"部分引用的《风俗通》。其中讲到，氏的划分可基于号（族号，如唐、夏）、谥（赠名①，戴、武）、爵（爵位，王、公）、国（国名，曹、鲁）、官（官职，司马、司徒）、字（出生顺序的称号②，伯、仲）、居（居所，城、郭）、事（从事的职业，卜、陶）、职〔本为"志"，或意为标志（图腾），青牛、白马〕，等等。与日本的氏相比较，"事（卜、陶）"与大伴氏、物部氏、中臣氏、忌部氏等"职业部"之相似性较为值得深思。因为两者都是基于职业的氏。

可是在秦汉以后，姓与氏逐渐被混同，其语义和用法几乎被同化了（『角川世界史辞典』）。换言之，姓与氏的区别已经消失。

另一方面，日本列岛本来就不存在与中国共通的宗

---

① 古代帝王或大官死后被评给的称号。
② 即表字，是指在本名以外所起的表示德行或本名的意义的名字。

族。因此，即便在开始使用"姓（氏）"以后，这一体制依旧具有与中国姓（氏）不同的性质。中日之间最为不同的，便是王和王族姓（氏）名的性质。在中国，王族本身便由氏族构成，如隋朝的杨氏、唐朝的李氏，皇帝亦有自己的"姓"。然而在日本列岛，王和王族虽然也被认为是日本的氏族集团，但普遍认为氏族秩序本身便由国王创立，因此王和王族没有姓名。

唯一的例外便是在与中国的外交场合，由于中国的理念是必须称名（个人名）道姓，5 世纪的"倭五王"便以"倭"为姓。这点将在后文详述，下面首先按照时代顺序，对日本之"名"的发展沿革稍做整理。

《魏志·倭人传》与《后汉书》中的王名

在那个日本文字史料极为稀少的时代，唯有从中国的史书中，才能寻觅到当时"名"的实态。1 世纪中叶的日本列岛上，存在当时中国的一个外交对象——"倭奴国"（《后汉书》），其中心位于北九州。普遍认为，日本列岛在 2 世纪前后形成了名为"倭国"的政治联合体，到 3 世纪前叶，邪马台国成为倭国盟主国。不过在这个时期，倭国发生"大乱"，它的政治联合体性质应该并不稳固。

记录了这一时期日本"王名"的史志是《魏志》。从历史源流来看，东汉之后，三国之魏建国，但在正史编撰中，《三国志·魏志》（简称《魏志》）的时期更早，《后汉书》为后来的文献。也就是说，《后汉书》的编撰参考了《魏志》的内容。出于上述实情，虽与历史时序相违，本论还是从《魏志》开始论述。

《魏志·倭人传》关于倭的记述中，出现了几个人名。首先是倭国女王"卑弥呼""壹与（台与）"和狗奴国男王"卑弥弓呼"，这些皆为王名。然后有倭国派遣到魏的"（大夫）难升米""（都市）牛利""（大夫）伊声耆、掖邪狗"，其中"大夫""都市（掌管市集的官员）"皆为官职，而"难升米""牛利""伊声耆、掖邪狗"则为倭人之名。

接下来还有"其大官曰卑狗，副曰卑奴母离"（对马国），这里的名称并非人名，而是官职名。"卑狗"应是与后来的"彦"① 相关之词，而"卑奴母离"则有可能是"雏守"② 之意。这些从语序上来说，已经属于现在所谓的"弥生日语"一系，只是被表记为"难升米""牛利""伊声耆、掖邪狗"的名字意义却不明了。这些名字应该与当时使用语言的意义相通，然而现在看来，不仅是

---

① 日语读作"ひこ"（hiko），以读音相近的汉字表之，则为"卑狗"，以下皆同。
② 日语读作"ひなもり"（hinamori）。

意义，连读法也难以确定了。

当时的倭国女王卑弥呼的名字读作"ひみこ"（Himiko）。过去也曾有人主张那是"ひめこ"（姬子，Himeko），但从男王亦被称为"卑弥弓呼"这点来考虑，卑弥呼的读音应该与"姬"的含义不存在关联性。因此，"ひみこ"的读法更为妥当。随后是"壹与"，可以推测该名称与"伊余国造""伊予国"之"伊予（余）"有所关联。若是"台与"，则可能与"丰"①有关。这些应该都是从弥生日语中挑选出具有价值的词，作为了王的名称。

上文提到《后汉书》的编撰参考了《魏志》，但《后汉书》中也有独创的篇章。例如书中记录了建武中元二年（57）倭奴国朝贡之事，这里并没有出现王名，只提到使者的官职是"大夫"。普遍认为，此次朝贡被赐予的金印便是"汉委奴国王"印。到了永初元年（107），又可见"倭国王帅升等献生口百六十人，愿请见"的记述。《翰苑》所引之《后汉书》中将其记述为"倭面上国王师升"，因此"倭国王"与"帅升"等文字存在一定的不确定性，本论且将其理解为倭国之王，国王名为"帅升"或"师升"。"帅升"与"师升"应有一方为误记，但不

---

① 日语读作"とよ"（toyo）。

管怎么说，它的确切意义都无从得知，这点着实令人遗憾。

葛城的"袭津彦"

在这些中国正史中，除却正式外交对象倭或倭国的代表，亦即国王、首领和使者的名字之外，不可能有更多记述。那么日本史书中的情况又如何呢？本节准备探讨所谓最古老的民间人名。

日本最古老的史书《古事记》《日本书纪》（亦被简称为"记、纪"）的记述从神武天皇开始，除天皇名、王族名之外，还可见同时代人物"珍彦（椎根津彦）""菟狭津彦、菟狭津媛""长髓彦"等名字。然而，"记、纪"在8世纪上半叶完成编撰，其中记录的传说、故事中登场的人物真实性极低；而且还无法从同时代史料中得到佐证。

此前的研究表明，《日本书纪》中有关葛城的袭津彦的传说最具可信性。这一人物先后出现在了以下记述中：（1）"葛城袭津彦"（神功皇后五年条）；（2）"袭津彦"（神功皇后六十二年条）；（3）"葛城袭津彦"（应神十四、十六年条）；（4）"袭津彦"（仁德四十一年条）。其中，（1）（2）记录了日本与新罗，（3）（4）则记录了日本与百济的外交关系。尤其是（3），该人物还出现在被认为是秦氏祖先——弓月君渡海而来的故事中。这一人物也与在和（2）相关的《百济记》中被记为"沙至比跪"的人物相对应。因为《百济记》乃《日本书纪》编撰时逃至倭国的百济人提供之史书，可信度极高，故从史料上看，这个人物真实存在的可能性也很高。

根据《百济记》记述，沙至比跪被遣去征讨新罗，却被新罗策反，倒戈加罗国（伽耶）。① 记述中出现了"壬午年"这个纪年。壬午年是 382 年，根据高句丽广开土王碑文（好太王碑文）所记，辛卯年（391）倭国渡海，收百济、新罗为臣国，这也成了印证当时情况的证据之一。换言之，袭津彦极有可能是 4 世纪末被派遣到朝鲜半岛的真实人物。"在'记、纪'的登场人物中，除皇室以外，他是第一个确认真实存在的人。"（井上光贞「帝纪からみた葛城氏」）

然而在那个时期，葛城这一姓氏尚未确立，"葛城袭津彦"便被视作了后世葛城氏的祖先。葛城本为奈良盆地葛城地区的地名，葛城氏是在当地拥有势力的氏族之一，发展到 6 世纪便告没落。另外，关于这个葛城氏与苏我氏的关系，将在第二章进行叙述。

_____

① 《日本书纪·神功皇后纪》引《百济记》云："壬午年，新罗不奉贵国。贵国遣沙至比跪令讨之。新罗人妆饰美女二人，迎诱于津。沙至比跪，受其美女，反伐加罗国。"

2 "倭五王"的姓与名

《宋书·倭国传》与"倭五王"

接下来将时代向前推进，对《宋书》中记载的倭人名进行一番考察。曹魏灭亡后西晋建国，316 年，西晋灭亡，中国进入五胡十六国时代。当时东晋在江南一带建国（317 年）。到了永初元年（420），南朝宋建国，中国进入南北朝时期。

翌年，倭国王倭赞向南朝宋派遣使者。那也是自东晋末期的 413 年以来，日本首次向中国遣使。《宋书·倭国传》中记载了与南朝宋缔结外交关系并进行外交往来的五位倭国王：赞、珍、济、兴、武。这便是上文提到的"倭五王"。

如上文所述，在中国，国王也都拥有姓名（名字），因此在与外国来往时，默认对方也应该报上姓与名（个人名）。倭五王便遵从这一惯例，给自己冠了姓。他们以国名"倭"为姓，在后面加上了个人名。

《宋书·倭国传》将倭五王第一人记录为"倭赞"，其余四人则省略了"倭"字。这种记录方法提示了"倭赞"这一名称有可能取自"倭国王"的"倭"。然而在

《宋书》另一处记载中，又提示了"倭"字意义的线索。《高宗本纪》中将五王中的第三位国王记录为"倭王倭济"。根据这一表述可以判断，"倭赞"与"倭济"的"倭"是与倭王的"倭"区别使用的。这个"倭"的用法模仿了高句丽国王的"高"姓，以及扶余国王的"余"姓，将倭国国名的"倭"作为自己的"姓"，从而形成了"倭（姓）济（个人名）"这个名称。

《宋书·倭国传》中记录了从421年国王赞遣使到478（升明二）年国王武遣使之间，倭国与南朝宋发生外交往来的历史。这一时期，倭国每有新国王即位，便向南朝宋朝贡，请南朝宋承认倭国王身份。也就是说，当时中国与日本在外交上属于册封关系。所谓册封，是指中国皇帝以册文封立外国国王的行为，而倭国王每次更替都会向中国寻求册封。要缔结这种外交关系，必须具备姓与名，因此倭国王才冠上了"倭"姓。

那么，倭五王在《古事记》《日本书纪》等日本史书中，又是如何被称呼的呢？关于倭国王是谁的比较推定，首先可知《古事记》与《日本书纪》中提及的"オホハツセノワカタケル"（Ohohatsusenowakatakeru，王宫位于长谷的幼武），即雄略天皇是以"武"为名的。那应该是取个人名"タケル"（Takeru）之意，以汉字"武"进行表记的结果。此外，"タヂヒノミヅハワケ"（Tajihinomizuhawake，

王宫位于多治比的瑞齿别，即反正天皇）很可能取"ミ
ヅ"（Mizu）之意被冠上了"珍"之名。这样一来，通过
对个人名的比较推定，"武"和"珍"就能对应上《古事
记》与《日本书纪》中的天皇，但其他倭国王仅从留史
的王名来看很难进行比较推定。从《宋书·倭国传》与
《古事记》《日本书纪》的谱系来推测，"兴"有可能是
安康天皇，而"济"有可能是允恭天皇；然而，安康之
名"アナホ"（Anao）与"兴"字，允恭之名"ヲアサ
ヅマノワクゴノスクネ"（Oasazumanowakugonosukune，
王宫位于朝妻的稚子宿弥）中"ワクゴ"（Wakugo）与
"济"字的关系目前尚不存在合理解释。

　　5世纪末以后，倭国脱离了与中国的册封关系，转为
自主开展外交的立场。这一转变使得倭国在与中国进行外
交往来时，不再需要报上姓与名。因此后来的国王（天
皇）都没有使用姓。然而中国这一方依旧持有国王应该
称名道姓的认知，故《隋书·倭国传》便对倭国王有了
这样的记述："姓阿每，字多利思比孤，号阿辈鸡弥。"①
这里的"阿每多利思比孤"（Ametarishihiko）为尊称，意
为"天宫降临之男子"，并非姓名。然而，这一尊称却被

---

① 《隋书·倭国传》（卷八十一）记载："开皇二十年，倭王姓阿每，
字多利思比孤，号阿辈鸡弥，遣使诣阙。"

中国分开理解成了姓与名。实际上，7世纪的倭国王在外交中已经不使用姓加名的称呼方式了。

5世纪的冠姓之人——王族与海外移民

其实在《宋书·倭国传》的时代，除王以外还有其他倭人登场。当时的倭国王并不只请求个人称号的册封，还提请中国为倭国王暂时委任（表述为"假授"）的大和王权主要成员进行册封。元嘉十五年（438），日本为倭隋等十三人提出了"平西、征虏、冠军、辅国将军号"的册封请求，并接受了南朝宋的册封。这里的倭隋为人名。

可以推测，倭隋得到了南朝宋"平西将军"的册封，从他与国王同冠"倭"姓这点来看，此人或许是王族一员。倭隋有可能是倭国王兄弟或晚辈身份的王族将军，在这一时期被册封到西日本地区（"平西"的"西"是指日本近畿以西的地区）。从这一事实来考量，可以确认南朝宋将倭五王一族认定成了冠倭姓的父系氏族。

此外，倭赞于元嘉二年（425）派遣"司马曹达"出使南朝宋。这个司马曹达的"司马"实为官职名。当时的百济外交使节中存在"长史、司马、参军"等身份，文中所指应与其中的司马意义相同（坂元義種『古代東アジアの日本と朝鮮』）。如此一来，"曹达"就成了姓曹名达的人物。另外，司马虽然也可理解为诸如司马迁、司马睿这样的复姓，但此处将其看作外交使节的官职更为妥当。曹为中国姓，并未使用日本列岛人名表记方法（后述），因此可以推断此人属于海外移民一系。

出土史料中的人名

本节将视角转向考古学发现的同时代出土史料，集中论述以下两件物品：（1）埼玉县行田市稻荷山古坟出土之金错铭铁剑；（2）熊本县和水町江田船山古坟出土之银错铭大刀（参见本书"考古史料原文"部分，第236页）。两者都是5世纪的史料，都可见"获加多支卤"（音为Wakatakeru，即雄略天皇）这一王名。（1）的金错铭铁剑上刻有"辛亥年"字样，对应471年。因两者字体相似，可推断是按照大和王权中心地区通用的文字文本进行锻造的。由此亦可推断，（2）的锻造时间也在471年前后。

（1）的金错铭铁剑上，依次可见"意富比垝"（Ohiko）、"多加利足尼"（Takarinosukune）、"弓已加利获居"（Teyokariwake）、"多加披次获居"（Takahashiwake）、"多沙鬼获居"（Tasakiwake）、"半弓比"（Hatehi）、"加差披余"（Kasahayo）及"乎获居"（Owake）这八个人名。"意富比垝"应为《日本书纪·崇神天皇纪》所记述的四道将军之———"大彦"。这样至少可以明确，5世纪后半叶存在与意富比垝相关的传说。比垝、足尼、获居都有尊称之意，以获加多支卤为代表的名字，都是利用汉字发音来表记的所谓汉字假名（假借）。这些名字不属外来人名，应为居住于列岛的本土人名。

再看（2）的内容，分别在"奉事典曹人名无利弓"及"作刀者名伊太和、书者张安也"的部分出现了人名。"无利弓"与"伊太和"应与（1）相同，为本土人名。问题在于"书者张安"这一部分。书者是与作刀者性质相同的名称，而"张安"则与《魏志·倭人传》记载之正始八年（247）魏使张政同姓"张"。由此可见，"张安"有可能是海外移民的姓名，而上述文字皆由他书写。

综上所述，在（1）（2）中出现的人名里，唯一具有"姓"的便是来自中国的"张安"。换言之，在5世纪的倭国，只有王族和海外移民才会称"姓"，而日本本土人士只有个人名。这就意味着，5世纪尚不存在像"苏我"这样的氏名。

另外，还有和歌山县桥本市隅田八幡神社所藏人物画像镜这样的出土史料，上面标有"癸未年"（503）的纪年，但尚不存在公认的解读（参见本书"考古史料原文"部分，第237页）。镜上铭文除提及"意柴沙加宫"以外，还记有"曰（一说为'日'）十大王""斯麻"等人名。这面镜虽是以大阪府八尾市郡川车塚古坟、藤井寺市长持山古坟等地出土的画像镜为母本制作的仿制镜（在日本列岛制作的镜）（森浩一「日本の文字文化を銅鏡にさぐる」），其铭文却是独立创作的。这面镜的铭文中提及的固有名词，有可能是以汉字假名表记的列岛人名及宫殿名（一说"斯麻"为百济人名）。

铭文镌刻的"开中费直秽人今州利"（一说"开"为"归"）中，"开中费直"与"秽人今州利"（或为名唤今州利的秽人之意）二词应为固有名词。普遍认为"开中费直"与《日本书纪》所引《百济本记》中记述的"加不至费直"（Kafuchinoatahi，钦明二年七月条。《日本书纪》正文记述为"河内直"）是同一人物。但此时"开中"的读音就不再是利用汉字读音表记的假名，因此略微存疑。不管怎么说，即便现在已无从得知这个固有名词的正确读音，也可看出它并非明确的"姓和名"形式。有许多人注意到，这是后世地名（河内）与姓（直）①组成名称的形式，但在 6 世纪初期，氏的成立尚难以判明。

名为"人制"的职能集团

从这些考古史料中，可以窥见"氏"的端倪，由此

---

① 这里指国王赐予群臣，以宣示其政治及社会地位的"姓"，亦可写作"可婆根"。

可以得出反映当时日本列岛社会情况的重要信息。金错铭铁剑上刻有"杖刀人首"，银错铭大刀上刻有"典曹人"，这些官职名都体现了5世纪大和王权采取的"人制"。当时的统治者将人们按照不同职能划分到不同集团中，构成了王权所需的社会分工组织。

杖刀人意为"执刀之人"，暗示武官。上文提到的乎获居从东国出仕京都，被记录为"杖刀人首"，应是作为杖刀人集团首领统率所有杖刀人之意。另外，典曹人也如字面意思，是司掌曹（官府）的文官。

这一"××人"的称呼方式暗示了什么样的"人制"特征呢？金错铭铁剑上显示，乎获居以杖刀人首身份效忠王权（亦称"侍奉"，铁剑上书"奉事"），其根源可以追溯到他与意富比垝的谱系关系上。意富比垝是四道将军之一的"大彦"，而铭文显示，正因为与大彦谱系相连，乎获居才以继承武官职能的形式宣示了自己与大和王权的侍奉关系。意富比垝虽不一定实际存在，但其传承是真实的。这种"××人"的参政形式，与后来的部民制有着共通性，十分值得关注。

除此之外还有一些人制的职务名，比如《日本书纪》中记载的"典马（人）"（雄略八年条）和"养鸟人"（雄略十年条）等（后述）。此外，用单个汉字表述的还有"宍人、汤人、船人"（雄略天皇纪）等职务名。

其中，二字表述的官职名的特征在于它的汉字表记方式（读音应为音读），但并非完全没有训读。但至少以汉字表记的官职名都展示了具体的职务内容。

有趣的是，有关人制的史料在《日本书纪》中主要集中在雄略天皇纪。《日本书纪》的记载应该意在将人制的施行与雄略天皇关联在一起，但从历史事实来看，5世纪铭刻"获加多支卤"的铁剑和大刀上就已经记录了杖刀人和典曹人这样的官职。

渡海而来的技术者

还有史料显示，可能与人制有关的手工业技术人员在5世纪从朝鲜半岛移居到了日本列岛。在《日本书纪》中，他们被记载为"陶人"和"金人"。然而，文献史料中无法找到关于他们的详细记载。考古发掘调查显示，奈良盆地（大和）与大阪平原（河内）的遗迹中留有这些人的足迹。

最能代表海外技术人员的遗迹是奈良县御所市的南乡遗迹群（图1-1）。那是一片古坟时代中期（4世纪后半期至5世纪后半期）的遗迹群，除大型祭祀建筑的遗构外，还发掘出了武器作坊遗构和织造工具等物。可以推定，这个南乡遗迹群曾经是一个大规模手工业生产作坊，形成于5世纪前半期，在5世纪后半期发展到顶峰（坂靖·青柳泰介『葛城の王都　南郷遺跡群』)。

南乡遗迹群周边地区属于袭津彦一系的葛城氏势力范围，它无疑也与葛城氏相关氏族有关。与遗迹群相关的高宫（旧大和国葛上郡高宫）曾出现在袭津彦之女、仁德皇后磐之媛所作的"葛城高宫我家边"这句诗歌中（《古事记》仁德天皇部分），想必是葛城氏袭津彦一系的大本营所在。它虽与遗迹群年代不同，但《日本书纪》中关于海外移民的传说充分体现了遗迹的性质。

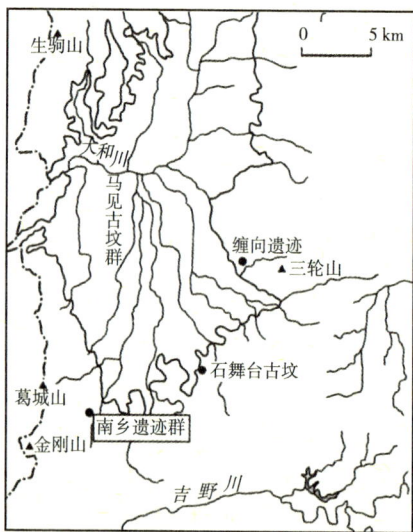

图1-1　南乡遗迹群（奈良县御所市）

另外在大阪平原一带，最受瞩目的便是河内湖周边遗迹和陶邑古窑遗迹群。大和王权将来自朝鲜半岛的技术者集团集中在这片地区，展开了河内湖周边开发，以及基于陶邑的须惠器（后述）大规模生产。

大阪府四条畷市蔀屋北遗迹的 5～6 世纪聚落遗迹中，出土了与饲马相关的制盐土器及马具等文物。其中还发现了半岛生产的马具，以及利用一体成型的船只材料制成的井栏（『河内湖周辺に定着した渡来人』）。4 世纪以后，马匹随着朝鲜半岛移民进入日本列岛，骑马及养马文化开始发展。在河内湖周边和淀川河漫滩一带畜牧的海外移民可能就是后来"河内马饲"这一集团的祖先。

此外，在《日本书纪》中被记载为"茅渟县陶邑"（崇神七年条）的陶邑古窑遗迹群（大阪府南部泉北丘陵）曾是大规模生产须惠器之地。制作这些器皿的移民在《日本书纪》中被记载为"新汗陶部高贵"（雄略七年条），也被称为"新汉"（新来汉人）。他们都是掌握了半岛新技术和新技能的工匠。所谓须惠器，是使用土窑高温的还原焰烧制成的硬质陶器。

像这样，大和王朝在大和地区配置了使用高度发达的技术的生产作坊，又在河内地区配置了制作须惠器和铁器的大型作坊，而承担这些职能的人就被称作"陶人""金人"。与此同时，他们又被称为"新汉陶部高贵"，这也说明经过半岛移民体系介入，一个新的组织从此诞生。

3 大伴氏与物部氏——以"职业"为氏

从人制到部民制

上文已经提过，在 5 世纪，除同时代出土史料中记载的"杖刀人、典曹人"外，还有《日本书纪·雄略天皇纪》里记载的"养鸟人"和"典马（人）"等。这些都是用汉字表记职能的人制职能集团。

根据《日本书纪》记载，雄略十年九月条中提到的"养鸟人"（Torikai，古训点①）是筑紫的水间君进献之人。这个养鸟人后来就演变成了大和王权 6 世纪前后的分工组织，也就是部民制的"鸟养（饲）"。到了那个时代，职业分工基本使用"鳥を養う"（tori o kau）这样的日语语序，直接表记为"鳥養"，读作"Torikai"。

另外，雄略八年二月条提到的"典马（人）"来自高句丽支援新罗的官兵将新罗的典马（人）带回本国的记载。虽然它并非倭国之职，但文中标有"典马〈典马，此云于麻柯比〉"的注记，表明了它与"马养（饲）"的

---

① 训点是将汉语训读为日语时使用的辅助性符号，常见于汉诗训读。

关联性。① "典马〈典马，此云于麻柯比〉"这一注记同时也显示，"典马"这一人制用语在《日本书纪》编撰时期已经被训读了。如此一来，想必"养鸟人"的古训点读音也与典马（人）一样，在编撰时期已经被训读。不过《日本书纪》编撰时期的读法是否能回溯到5世纪，这点尚存疑问。

再看同时代史料金错铭铁剑和银错铭大刀，两者的铭文都为标准汉文，杖刀人、典曹人也都以汉语表记。与此同时，人名、地名等固有名词都是"获加多支卤""斯鬼宫"这样的假借（汉字假名）表记。根据这一比较，可以推断用汉语表记的词语在当时极有可能使用了与日语读音不同的读法，但是目前尚无材料可以证明这点。

为保险起见，再将其他史料也纳入考察对象。如上文所述，3世纪的《魏志·倭人传》中记载了"其大官曰卑狗，副曰卑奴母离"这样以弥生日语表记的职务名，另外还掺杂有"大夫难升米""都市牛利"的"大夫""都市"（掌管集市之人）这样以汉语表记的职务名。从这些伴随汉语表记出现的新职务名中，可以推测当时出现了一种新的管理体系，而旧有的职务组织无法完全将其覆盖。然而，"大夫"一词为建武中元二年（57）倭奴国向东汉

---

① 于麻柯比为汉字表音记述法，音为"Umakai"，即"馬養"。

派遣的使者的自称（《后汉书·东夷传》倭条），想来应是出于与中国展开外交往来之必要性而使用的。

根据 5 世纪的《宋书·倭国传》记载，武（Wakatakeru，雄略天皇）在上书文中自报名号为"开府仪同三司"，即拥有开设官府能力的武官（开府）名称。这一名称也是为了向中国强调倭国的政治体制而使用的。而实际上，倭国向南朝宋派遣的"司马曹达"之"司马"，应该就是相应的官职名。

归根结底，人制的读音何时变为训读，这点尚不明确。然而"养鸟人"之所以被训读为"Torikai"，明显是因为它与后来的部民制"鸟养部"这一职务相通，因此可以断定，人制与部民制在谱系上是贯通的。事实上，在人制史料颇多的雄略十一年条中，就有"鸟官之禽，为菟田人狗所啮死。天皇瞋，黥面①而为鸟养部"的记述。这是一段讲述部民制形成的内容，若"鸟官"意为"鸟养人"（日本古典文学大系本头注），则这段文字无疑展现了从人制到部民制的转变过程。

"负名氏"的诞生

职能集团形式的人制发展为部民制后，以职业为名的

---

① 指在面部刺青。

负名氏也伴随部民制的形成而诞生。这种部的制度在先行研究中被认为是受到了朝鲜各国，尤其是百济部制的影响而形成的。其过程虽不明确，但至少可以断言，日本列岛的部民制来自对半岛制度的效仿。

人制将人们划分为杖刀人、典曹人之类的特殊职能集团，是对日本列岛进行支配和统治的分工体制。在传承了人制的部民制中也有建部（从事军事职务的部）、丈部（应为守卫王宫、带有军事性质的部）和史部（史户，从事文书相关工作的职能集团）等为满足国家统治所需而设置的特定职能部。

另外，在 8 世纪的律令制之下，原本的锻部、甲作等军事相关生产者集团被重新整合为品部、杂户。由此可见，对日本列岛进行支配和统治所必需的特殊职能集团，经历了 5 世纪的人制、6 世纪的部民制，以及律令制之下的品部 - 杂户制，在各个历史阶段中实现了不同的组织化。

训读姓名的形成

人制发展为部民制后，"部"在何时成了"氏"的名称，从而变成"负名氏"的呢？5 世纪的金错铭铁剑和银错铭大刀上，除海外移民"张安"以外，本土人名皆不称氏。推测制作于 503 年的隅田八幡神社所藏人物画像镜上记载的"开中费直""今州利"这些名称也如上文所述，并不存在伴随个人名的氏。目前可证的同时代史料中，记载了氏的铭文只有岛根县松江市冈田山一号坟出土铁剑上的"额田部臣"。再往前，皆无氏的记载。

根据《日本书纪》继体九年（515）二月条记载，《百济本记》中出现了"物部至至连"这个称呼。《百济本记》与《百济记》一样，是《日本书纪》编撰时期由逃亡日本的百济人提供的"史书"，具有一定可信度。若书中确有此记载，那就意味着继体天皇时期确实存在表述为"物部氏"的氏。

《日本书纪·继体天皇纪》引用的《百济本记》中还有这两个人名——"久罗麻致支弥"（继体三年二月条）、"意斯移麻岐弥"（继体七年六月条），其皆为汉字假名表记。另外，钦明二年（541）七月条也出现了"加不至费直、阿贤移那斯、佐鲁麻都"这些汉字假名表记的人名，但那并不一定是同时代的史料。不过在钦明五年二月条引用的《百济本记》中，记载了日语训读表记的"津守连""河内直"等人名。由此可以推测，像物部这种基于日语训读的表记方式，在钦明天皇时期已经形成了。也就是说，训读姓名的形成时间可以推定为6世纪前半期。这同时也是以特殊职能为中心的氏族——"负名氏"的诞生。

物部氏与大伴氏

忌部、中臣、鸟养都是与所谓"职业部"部民相关的氏，而这些负名氏中，最具代表性的就是物部氏与大伴氏。

有趣的是，物部为"物"，大伴为"伴（人）"，两者管辖的都可谓是以一般性物与人为对象的部。它们是否存在像"物人"这种"××人"形式的前身，目前尚不明确。更应该说，它们很可能与从事特定职务的人制截然不同。

回顾先行研究，基本认定物部氏是伴随部民制的形成而出现的氏（篠川賢『物部氏の研究』）。与此同时，因为各地部民都设有物部，可见物部是不受地域限制、设置范围较广的部。然而，物部是否与部民制的形成同时设置，是否早在人制阶段就存在以此为前提的制度，这些问题从残存史料中并不能得到清楚解答。不过在读音方面，《万叶集》中的"物部"读作"Mononofu"，而《日本书纪》则给这个词语标注了"モノヽヘノ"的训点（崇神即位前纪），因此读作"Mononobe"应无不妥。

物部氏是基本以进贡（当时叫作"奉"）"物"为主的氏。此处的"物"本来应该是指精灵、灵魂一类的物（魂），主要司掌军事、警察、刑法和神事。它与神事的关系在于物部所涉及的"魂"；至于军事和警察领域，则应该与武器、武具等物品相关。与之相对，大伴氏是向王权输送侍奉之"人（伴）"的氏族。一般认为，物部氏与大伴氏都是在人制转向部民制的转折期，伴随部民制的形成而出现的氏族。

那么，除了大伴氏和物部氏，其他氏族的情况又如何呢？《日本书纪》中有一则神话让人饶有兴味。皇孙（又称"天孙"）天津彦彦火琼琼杵降临之际，携八坂琼曲玉、八咫镜、草薙剑三样神器，率中臣上祖天儿屋命、忌部上祖太玉命、猨女上祖天钿女命、镜作上祖石凝姥命、玉作上祖玉屋命五部神灵而来（神代第九段"一书"第一）。此处可见中臣氏、忌部氏、猨女氏、镜作氏、玉作氏的上祖神跟随火琼琼杵一同降临。

换言之，天孙率领的就是一群从事祭祀相关业务的伴造神，它以天孙降临传说的形式阐明了伴造侍奉王权这种臣属关系。虽然这一叙述并非出自《日本书纪》正文，而是出现在"一书"[①] 中，从而留下了些许疑问，但它无疑也是一种古老传说（阿部武彦『氏姓』）。像这样，对与职能有关的部民（职业部）进行管理的伴造氏族，便是根据氏所体现的职能侍奉王权的负名氏。

---

① 《日本书纪》中常见"一书曰……"的表述，意为与正文略有不同的异说。

大伴家持《喻族歌》

为说明负名氏的特征，此处且将目光转向后面的时代，看看《万叶集》中收录的大伴家持《喻族歌》。全文虽长，但十分重要，故全部引用如下：

高千穗岳上，天降天门启。

即是吾皇祖，自从神代起。

手持枦木弓，又执鹿儿矢。

丈夫有武雄，名曰大久米。

箭袋取自负，先行行伍里。

山河裂磐石，觅国回步履。

事神务太平，远人亦和喜。

扫清寰宇内，奉仕长如此。

秋漳大和国，橿原亩之旁。

有宫宫柱大，天下统吾皇。

皇祖天之子，相继世世王。

赤心毫不隐，极尽事皇方。

侍奉是祖职，立言永不忘。

子孙长相继，世世当延长。

见者可相告，问者鉴别详。

珍惜清令名，凡事心思量。

> 勿绝祖宗名，戏言起祸殃。
>
> 勿负大伴氏，祝君寿而康。（4465）

并短歌一首。

> 扬名日本国，久有此家声。
>
> 大伴名家族，忠心奉仕勤。（4466）

歌的要点在于"天皇世代传承，吾辈毫不掩饰对皇室的赤诚之心，永不忘却先祖传承的使命"，继而"不敢有辱先祖之命，不敢辜负大伴氏之名。"（诗歌注解引自新日本古典文学大系本）换言之，"极尽事皇方"一句意指日夜效忠、侍奉天皇左右。而正如"侍奉是祖职"一句所示，这是先祖代代传承下来，负于名上的"大伴"之职。因此短歌里也就有了"今后更要忠心奉仕，不负家族传承的大伴之名"（同上）这样的内容。

由此可见，负名氏便是将国王授予的职能体现在氏的名称中，只要背负着这个氏，必定会极尽所能侍奉国王的氏族。

这首和歌的创作意图可见于注言："上，缘淡海真人三船谗言，出云守大伴古慈斐宿弥解任。是以家持作此歌也。"时间为天平胜宝八年（756）六月十七日。根据

《万叶集》记载，家持于五月十日得知淡海三船奏谗言，古慈斐被免除出云守一职，便作了这首喻族之歌。

然而，《续日本纪》中却有这样的记载："出云国守从四位上大伴宿弥古慈斐、内坚淡海真人三船，诽谤朝廷，坐无人臣之礼，禁于左右卫士府。"也就是说，古慈斐和三船同时受罚，被监禁在左右卫士府。然而三日后又有御召将二人赦免。这与上文的记述明显存在矛盾。

天平胜宝八年五月十日是圣武太上天皇驾崩第八日，正是三关（铃鹿、不破、爱发关）固锁，满朝上下弥漫着政治危机感的时期。关于这个矛盾之处存在许多探讨，此处仅对其中一种说法稍做介绍："应为两人皆被监禁，唯有三船依靠他与刷雄（从二位大纳言藤原仲麻吕之子）的关系获得赦免，因此家持出于对族人古慈斐的同情，将事情缘由解释成了三船的谗言。"（岸俊男『藤原仲麻吕』）

顺带一提，古慈斐是家持曾祖父马饲（亦称长德）之弟吹负（小吹负）的孙子，相传比家持年长两到三岁。

伴造氏族与可婆根姓

前言中略有提及，物部氏和大伴氏拥有"连"这个可婆根姓。这里的"连"读作"Muraji"，一说为"群主之意"（阿部武彦『氏姓』），一说"或为村主之意"（『岩波古語辞典』補訂版），但很难确定其真正语义。

可婆根姓基本体现了氏的社会地位，其功能在于展示氏族政治立场的差异。可以确定，可婆根性早在大化之前便已存在，但日本目前并不存在能够反映其形成过程的史料。不过从上文提到的冈田山一号坟出土铁剑铭文"额田部臣"的语句中可以判明，6世纪前半期，氏（额田部）和可婆根姓（臣）就已经形成了。

过去曾存在过许多可婆根姓，但普遍认为，天武十三年（684）制定八色姓（真人、朝臣、宿弥、忌寸、道师、臣、连、稲置）后，新的身份秩序得以确定下来。这就使得皇亲身份、家族背景、中央与地方氏族之别的秩序逐渐明确。

说到物部氏与大伴氏的特征，应该在于同属"大连"。6世纪以后，得到大连地位的氏族只有物部氏和大伴氏。而这些隶属中央的物部连氏、大伴连氏，就是负责管辖物部、大伴部等部民的伴造氏。物部和大伴部等部民分散在各地，其地方首领就成了管理这一部的中间伴造氏，在部的侍奉和纳贡中起到中介作用。而中央的物部氏和大伴氏则作为大和王权组织的一员，对全体伴造进行管理。

二　苏我氏的登场

1　葛城氏与苏我氏

苏我氏与葛城

本章开始进入对苏我氏的考察。本节首先围绕苏我氏出现之前，普遍认为与之相关联的葛城一族进行探讨。第一章提到，除国王以外，史书上第一个可能实际存在的历史人物是"袭津彦"，而他就是葛城氏的祖先。苏我氏与葛城氏的血缘关系已经确认无误，因此本文便从苏我氏关于葛城氏的一系列言行开始进行探讨。

7 世纪前半期，《日本书纪》记载苏我马子对推古天皇奏称："葛城县者，元臣之本居也，故因其县为姓名。"请求天皇将葛城县封为其领地（推古三十二年十月条）。县（Agata）在大化以前，是具有大和王权直辖地这一明显特征的行政区域。针对这一要求，自认源自苏我一系的推古予以拒绝，但实际上确实存在"苏我葛木（葛城）臣"这一氏名的传承（『聖徳太子伝歴』）。这说明马子强烈主张承袭自己出生地葛城的地名。

另外，关于马子之子虾夷也有"立己祖庙于葛城高宫，而为八佾之舞"的记载（《日本书纪》皇极元年是岁条）。所谓八佾之舞，是八列八行合计六十四人组成方阵进行的舞蹈，唯有天子才能发起。在立了祖庙的葛城高宫进行这一舞蹈，无疑暗示了他与葛城的紧密关系。苏我马子、苏我虾夷两代人的专横跋扈将在后文详述，此处只强调苏我氏承袭葛城之姓名，高调表示出生地是葛城的事实。

葛城这个地区位于大和国什么位置呢？奈良时代的大和国如图 2 - 1 所示，拥有葛上郡与葛下郡两片土地。原本只有一个葛城郡（7 世纪时"郡"被称作"评"），对于以葛城这一地名为名的氏族而言，他们与这一地区关系十分紧密。过去的葛城包括了葛上郡与葛下郡之间的忍海郡，以及葛下郡东北部的广濑郡（『角川日本地名大辞典』『葛城氏の実像』）。饭丰王女执政时期所在的宫殿被称为"葛城忍海之高木角刺宫"（《古事记》清宁天皇部分），因此可确定忍海郡是葛城的一部分。至于广濑郡，由于缺乏相关史料，并不能十分肯定，但葛上郡、

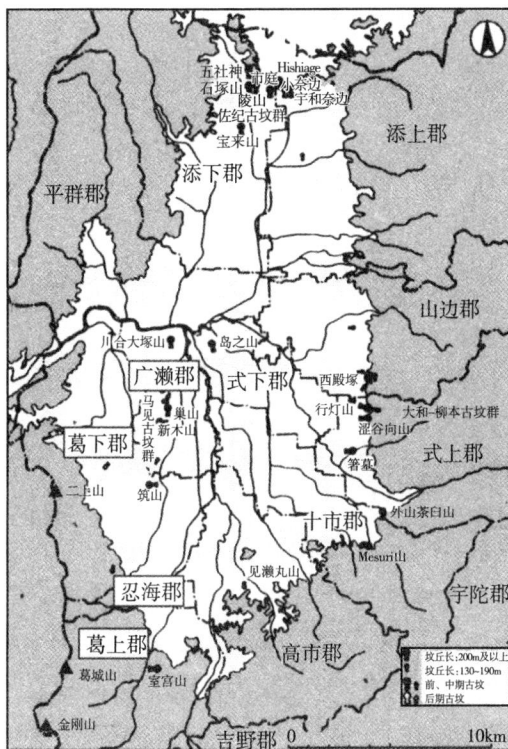

图 2-1 奈良盆地的大型古坟分布及郡领划分

葛下郡与忍海郡、广濑郡四郡所处地区属于旧葛城郡
（评①）范围。此外，《日本书纪》中有"葛城下郡"
（天武十三年是年条。结合《大宝令》内容，被润色为
"郡"）这样的记述，《续日本纪》中又有"葛上郡"

---

① 大化改新后的行政区域名称之一。

（文武四年十一月壬寅条，同上）的记述，由此可以推测，这一地区在《大宝令》以前的评制时期就已经被分割了。

另外，《日本书纪》中还记载了葛城的地名起源："又高尾张邑，有土蜘蛛，其为人也，身短而手足长，与侏儒相类，皇军结葛网而掩袭杀之，因改号其邑曰葛城。"（神武即位前纪己未年二月辛亥条）。此处以使用"葛网"为由，将地名改成了"葛城邑"。这里的"葛"是蔓草的统称。

文献里的葛城氏

关于被苏我马子称为"本居"的葛城的氏族，本书首先要从文献史料进行一番探讨。根据《新撰姓氏录》［引仁六年（815）奉旨编撰的关于氏族的书籍］记载，葛城氏存在两个体系。第一个体系是左京皇别（皇别即号称天皇、皇子后代的氏族）的葛城朝臣，奉葛城袭津彦为祖先。然而，"葛城朝臣"这个名称并未出现在其他史料中。因此，本书只在此提出：天武十三年（684）"八色姓"制度实施后，被赐姓朝臣的氏族大多为可婆根"臣"姓。

第二个体系是河内国神别（神别即号称天津神、国津神子孙的氏族）的葛木（葛城）直，奉高魂命五世孙之剑根命为祖先。《日本书纪》神武二年条有"复以剑根者，为葛城国造"的记载。此外，《先代旧事本纪》（平安初期编撰的古代史书）的《国造本纪》中也有"橿原朝御世以剑根命次为葛城国造"①的记载，证实了葛城国造体系的葛城直氏确实存在。

尽管以葛城为名的氏族分为奉袭津彦为祖先的体系和葛城国造体系，但可以认为，两者以葛城为名，都是因为居住于葛城这一地区。

再看葛城氏与大和王权的关系，如谱系（图2－2）所示，袭津彦之女磐之媛与仁德天皇结婚（《古事记》《日本书纪·履中即位前纪》），生下履中、反正、允恭三天皇。此外，葛城圆之女韩媛与雄略天皇结婚，生下清宁天皇。另外，履中的"皇妃"黑媛又是袭津彦之子苇田宿弥的女儿（履中元年七月条。但是履中即位前纪中记载黑媛的父亲是羽田矢代宿弥，与谱系说法有出入）。如此可以看出，葛城氏将女儿嫁予天皇成为后妃，其女儿与天皇之间的子嗣又继承天皇之位，因此葛城氏一直保持着皇室外戚的地位。

那一时期的王位应该尚不存在嫡系继承的传统，关于袭津彦的子孙，也有人提出了苇田宿弥和玉田宿弥两个体系的假说（后述，本书第50页）。单就葛城氏来说，它

---

① 日本国立国会图书馆藏《先代旧事本纪》卷十《国造本纪》。

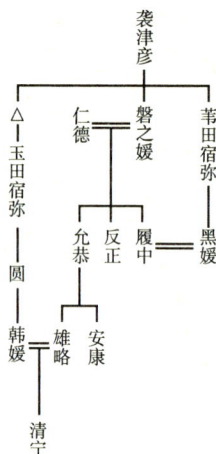

图 2 - 2　葛城袭津彦谱系

是一个拥有复数体系的氏族，再加上没有直接血缘关系的拟制血亲关系，就形成了多样化的氏族结构。

雄略天皇与葛城氏——袭津彦葛城氏的衰微

根据《日本书纪》记载，允恭天皇娶忍坂大中姬为皇后，生下木梨轻皇子、名形大娘皇女、境黑彦皇子、穴穗天皇（安康）、轻大娘皇女、八钓白彦皇子、大泊濑稚武天皇（雄略）、但马橘大娘皇女、酒见皇女九个子女。允恭之后，安康天皇即位，但眉轮王为替父（大草香皇子）报仇，刺杀了安康。

得知安康遇刺的消息后，雄略天皇立刻对几位兄长起疑，并组织武装杀死了八钓白彦皇子。与此同时，遭到诘问的境（坂合）黑彦皇子与眉轮王一同逃到葛城圆大臣宅中躲藏。圆大臣被雄略举兵包围，遂表示愿以女儿韩媛并"葛城宅七区"换得免死，但遭雄略回绝，最后圆大臣被烧死。

然后，雄略又把安康希望自己死后即位的以葛城氏为母系的市边押磐皇子（履中天皇之子）诱骗出来同他狩猎，借机将其射杀。这样一来，雄略就彻底除掉了包含兄长在内的所有政敌。对于这一与皇位继承相关的葛城氏传说，应该如何进行考量呢？

井上光贞认为，这些传说都来自帝纪（《日本书纪》原史料的一部分）传承的史实。应该重视的是：雄略通过斩除葛城圆大臣和市边押磐皇子这几支葛城势力，最终得以即位为天皇。同时他还指出，帮助雄略扫平葛城势力的武装源自军事伴造氏族大伴氏和物部氏。对此，他是这样评价的："大王家与畿内氏族的联合，暗示了王权向由军事伴造支撑的军事专制的转移。"他之所以提到大伴氏与物部氏，并非因为这一传说与两氏的关系，而源自帝纪之外的大伴氏与物部氏的家记传说。在这些史料中登场的人物里，大伴室屋与物部目可能真实存在。应该重视的是，《日本书纪》中记载，这两人在雄略即位后被任命为大连。从这些史料进行分析，可以认为大伴氏和物部氏构

成了雄略朝的军事力量（「雄略朝における王権と東アジア」）。然而严格来讲，这一时期"氏"尚未成立，这些氏族集团还只是"氏"的前身。

以井上光贞的研究为基础，对雄略天皇纪的变动进行梳理可以得出：（1）葛城氏不再出现在记载中；（2）大伴氏、物部氏等后世被封可婆根"连"姓的伴造氏族出现了；（3）大和王权通过与畿内氏族的联合，开始走上专制化道路。换言之，井上先生认为，随着（1）葛城氏的衰微，（2）大伴氏、物部氏开始登上历史舞台。在笔者看来，对（1）与（2）相互关系的认同只有一半算是正确的，至于葛城氏衰微的结论则略有疑问。因为大和地区除大倭国造之外，还存在葛城国造。严格来讲，衰微的并非葛城氏整体，而是袭津彦体系的葛城氏。若不这样考虑，则无法解释普遍认为成立于6世纪的国造制度。

也就是说，《日本书纪·雄略天皇纪》中体现的衰微仅限于袭津彦葛城氏，而非"直"这一可婆根姓的葛城国造氏族。后者以葛城高宫为据点。被雄略视为政敌的葛城氏为袭津彦一系，并非葛城国造一系的葛城直氏。这一观点在井上光贞的理论中体现得不够充分。另外，从雄略天皇开始的王权专制化固然是事实，但针对大伴氏、物部氏以及后来登场的苏我氏，井上光贞由于突然辞世而未有论及，实属遗憾。

这里对井上光贞的研究成果介绍或显冗赘，但以外戚身份活跃的袭津彦葛城氏衰微，以及大伴氏、物部氏这些伴造氏族逐步获得权势的事实无疑是非常重要的转折。原本在大和地区，以地为名的氏族集团同大和王权的联合更为紧密，这也就是所谓"豪族联合"的态势。然而，这一联合后来被伴造系这种承担大和王权社会分工的氏族集团所取代了。也就是说，构成王权的成员发生了变化。这一变化成为标志着大和王权专制化的里程碑。同时，还有一点引人关注，那就是雄略天皇纪中未有记载的苏我氏之动向。

马见古坟群——葛城氏的长眠之处？

接下来，本书要将探讨范围扩大到考古学领域。探讨的主要对象，就是被认为与葛城氏有关的马见古坟群。马见古坟群位于奈良盆地西侧几乎靠近中央的位置，一个个独立古坟分布在横跨葛下郡与广濑郡的马见丘陵上，被认为是葛城氏的奥津城（坟墓）。从令制下的广濑郡普遍被认为是旧葛城的观点进行考量，马见古坟群就是位于葛城地区的古坟群。

不过，和田萃对此提出了另一种看法。其主张如下：如"葛木坐一言主神社"这般，葛城地区的一部分式内社（《延喜式》中记载的神社）会以葛城（葛木）为名，而那样的神社在葛上郡、忍海郡和葛下郡（后称北葛城郡）的部分地区都可见到；另外，从《古事记》《日本书纪》中记载的葛城高冈宫、葛城掖上宫、葛城室之秋津嶋宫等宫号来看，古代葛城"范围包括金刚、葛城山山麓到二上山山麓一带"（参见图 2-1）。这样一来，马见古坟群就只剩下南侧部分处在葛城地区（「紀路と曽我川」）。究竟哪种说法才正确呢？

有一个重点在于，此处探讨的古代葛城并非 10 世纪初《延喜式》的神社所在地，而是更早时期的土地。正如塚口义信所言，神功皇后之母是葛城高额媛。即便神功皇后并非真实的历史人物，"葛城高额"指的也是"葛城"地区的"高额"这片土地。那可能就是律令制下的葛下郡高额乡（「馬見古墳群と葛城氏」）。换言之，北葛城的葛下郡自古就在葛城范围之内。

此外，塚口义信还将袭津彦后代分为玉田宿弥和苇田宿弥两个体系，并提出了这样的观点：玉田宿弥系居住在葛城南部，以忍海郡和葛上郡为据点；苇田宿弥系则以葛城北部的葛下郡、广濑郡为据点（参见图 2-1）。粗略来看，袭津彦系确实分出了两个体系，且葛城氏中还包含了各种其他体系，要一一梳理过于繁杂，此处仅介绍其观点。

马见古坟群本身如图 2-3 所示，可分为北群（川合大塚山古坟群）、中央群（巢山古坟群）、南群（筑山古坟群）三大块。但是针对它与周边古坟（古坟群）的关系，学者中还存在诸多讨论，例如是否该将岛之山古坟划

入北群。此处且以马见丘陵为中心，将其视作葛城豪族的
奥津城展开考察。

图 2 - 3　葛城北部的古坟分布

马见古坟群的特征

一般来说，大规模古坟极有可能就是当地豪族的首领
坟。通过对马见古坟群各个分群的特征进行把握，就能分
析出葛城地区豪族的一般性动向，因为学界普遍认为，这
些古坟群源自葛城各地具有权势的地区政治集团。

苏我氏的兴亡

首先来看白石太一郎总结的包含马见古坟群在内的葛城地区大型古坟编年示意图（图2－4）。本书将根据图中归纳的内容进行说明。

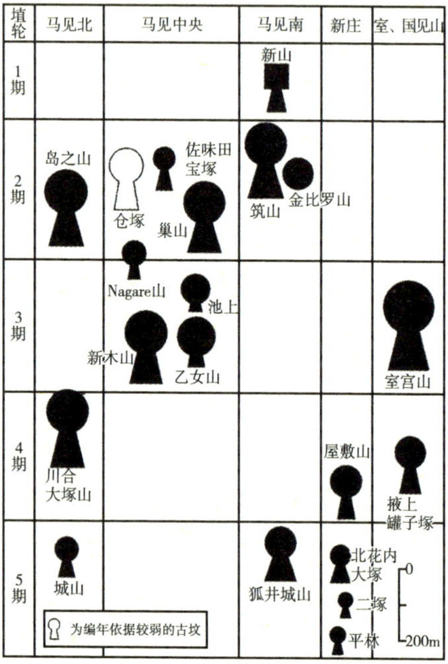

图2－4　葛城地区大型古坟编年示意图

首先来看4世纪前半期（1期），马见古坟群南群地区出现了前方后方坟形式①的新山古坟。葛城并未发现像

---

① 日本古坟的一种形式，多为日本东部地区的早期古坟。墓穴分为前方和后方两部分：前方部多为矩形或梯形，被认为是举行祭祀仪式的地方；后方部为正方形，用以安葬棺木。

箸墓古坟①这种早期古坟形式，因此建造时期较晚为该地区古坟的主要特征。其次，在 4 世纪中期到后半期（2 期至 3 期前半期），南群出现了筑山古坟和金比罗山古坟，中央群则出现了佐味田宝塚古坟和巢山古坟。巢山古坟的规模甚至匹敌大和王权的盟主墓，证明当时葛城的政治集团已经在大和王权中占据了重要位置。然后，4 世纪后半期到 5 世纪（3 期），规模最大的室宫山古坟出现了。

接下来是北群的川合大塚山古坟、掖上罐子塚古坟、屋敷山古坟（4 期）。最后营造的是 5 世纪末到 6 世纪初（5 期）的狐井城山古坟。到 6 世纪中叶，就只能找到中小首领的坟墓。以上便是该地区的特征。

白石太一郎认为，葛城地区存在大约五个有势力的政治集团，这些政治集团联合起来，构成了被称为"葛城政权"的地方首领联盟。此外，他还推测，大型古坟的地区性移动提示了葛城氏盟主之位在葛城各地政治集团间的移动。确实，葛城氏可划分出多种系统的氏族集团，恐怕这些集团的墓区也各不相同。然而，很难认定葛城五大政治集团的首领曾轮番担任首领联盟的盟主。因为后世袭津彦系的葛城氏虽然衰微，国造系的葛城直氏却一直维持

① 奈良县樱井市箸中发现的古坟，比前方后方古坟时期更早，建造于 3 世纪中期，坟形为前方后圆。

着与大和王权的政治关系。假设真的存在被明确定义为盟主的氏族首领，那么葛城氏与大和王权的关系应该更为不同。同时，也很难确定是否存在能够统领整个葛城地区的葛城氏，反倒将其视为以葛城为氏的多种体系更为妥当。

目前尚未探明各个体系的葛城氏曾经居住的地点，也不存在将葛城氏各集团与各古坟群联系在一起的文物资料。因此有必要回避将文献史考察与考古研究直接联系在一起的做法。然而，从大局进行论述，总结五群集团特征，从马见古坟群南群和中央群的大型古坟动向可以推测出古坟与袭津彦系葛城氏的关系。他们在与雄略天皇的斗争中败北，而新木山古坟以后，该地区再未出现大型古坟，两者显然是趋于一致的。

不过在《日本书纪》中，显宗、武烈两天皇的陵墓所在地都是葛下郡傍丘磐杯丘陵，而《古事记》也记载显宗陵位于"片冈之石坏冈上"，武烈陵位于"片冈之石坏冈"。如果这些记述具有可信度，则意味着天皇陵古坟坐落在葛城之内。此外，被认为死于6世纪末的押坂彦人大兄（《延喜式》记载为成相墓，或为广濑郡的牧野古坟）及其子茅淳王（片冈苇田墓，葛下郡）的墓应该都在北葛城。这些墓的共同特征就在于，它们并没有建在袭津彦系的南葛城，而是建在了北葛城。若北葛城属于葛城国造系，则可推断这些墓的建造都源于该氏族与大和王权的政治关系。

葛城县、葛城国造与苏我氏

如上文所述，苏我马子曾对推古天皇提出加封葛城为领地的要求："葛城县者，元臣之本居也，故因其县为姓名。"除此之外，其他史料中找不到此处记载的葛城县与苏我氏之间的直接关系。那么，马子强调"本居"的意图何在呢？

"本居"的古训点是"ウフスナ"（ufusuna），意为"出生之地、产土"。既然马子在葛城诞生，也就是说，马子的母亲极有可能是居住在葛城的女性。因为当时的婚姻多为男性往女性家走婚，并且按照惯例，女性都在自己居住的地方产子。那么，马子的母亲应该就是居住在葛城的葛城氏一族成员。换言之，就是马子之父稻目与葛城氏的女子缔结了婚姻。无论在稻目之前苏我氏与葛城氏是否有关系，至少在这里，稻目就建立了与葛城氏的关系。从"苏我葛木（葛城）臣"这一历史传承的氏名可以推测，马子将葛城作为了自己的"姓名"。不管怎么说，这都印证了苏我氏对葛城强烈的执着。

葛城县为大和六县之一。所谓大和六县，是指《延喜式》祭词中记载的高市、葛木（葛城）、十市、志贵、山边、曾布。如果与律令制下的郡名对照，则为高市（高市郡）、葛木（葛上、葛下、忍海、广濑四郡）、十市

（十市郡）、志贵（式上、式下两郡）、山边（山边郡）、曾布（添上、添下两郡）。除此之外，大和国还有平群郡、宇智郡、吉野郡、宇陀郡。虽然不知县与郡规模是否相同，但至少六县多与对应的郡名相通。

关于这个葛城县的成立，尚不存在详细资料。但还是有史料提示了它的情况，比如上文提到，遭到雄略天皇怀疑的葛城圆为求免罪提出的"葛城宅七区"（雄略即位前纪）。所谓"宅（家）七区"，应该是指七处宅邸。这一记述在《古事记》中变成了"五处屯宅"，另注曰："所谓五村屯宅者，今葛城之五村苑人也。"（安康天皇部分）。《日本书纪》与《古事记》中的记载为何不同，至今仍没有明确说法，但从《古事记》"屯宅"这个表述中可以推测，它与王权有着非常紧密的关系。"苑人"则与5世纪的人制相关联。《倭名类聚抄》中提到，大和忍海郡有"园人乡"，而忍海郡本是葛城评，此处应为其后身。此外，它还跟《职员令》中记载的园池司官府的"园户"有关系。园户是为天皇及皇亲生产食品的集团。

从这些记载来看，苏我氏能够自由进出的葛城之地，只有已经没落的袭津彦系势力范围。换言之，可以推测袭津彦葛城氏没落后，大约在稻目那一代，苏我氏开始在葛城部分地区逐渐累积起政治势力。然而对王权而言，葛城县是其直辖领地，因此不可能交予苏我氏支配。

那么，与上述袭津彦系有所不同的葛城国造系葛城直氏的情况又如何呢？根据《日本书纪》钦明十七年七月条记载，苏我稻目被遣往吉备（后述）后，葛城山田直瑞子以田令身份同往。此外，葛城直磐村之女广子又是用明天皇的妃嫔，具有一定影响力。磐村于天武十二年（683）九月被赐连姓，又于天武十四年（685）六月被赐忌寸姓，因此可以认为，葛城直氏并未衰微，而是一直活跃在政治舞台上。从历史角度来看，袭津彦系没落后，原本被这一系支配的"葛城宅七区"可能被编入了葛城县。而苏我氏可能就是在那一时期前后，开始与葛城产生关联。

关于苏我氏的出身地，将在下一节进行论述。

2　苏我氏谱系溯源

朝鲜半岛与苏我氏的起源

理清了葛城氏的关系，让我们再来看看苏我氏的起源。本书将以《尊卑分脉》（14世纪后半期出现的氏族谱系图）之苏我氏谱系为基础进行考察（图2-5）。

这一谱系图中，基本上确认真实存在，并作为大臣活跃在政坛上的便是稻目。然而在此之前，图上还记载了满智—韩子—高丽三代。以稻目为分界，谱系之前和之后的主要差异在于命名方法。满智、韩子、高丽这几个名字都让人联想到外国，而稻目、马子、虾夷、入鹿这些名称则源自植物或夷狄。这给人一种苏我氏经历了重大变化的感觉。

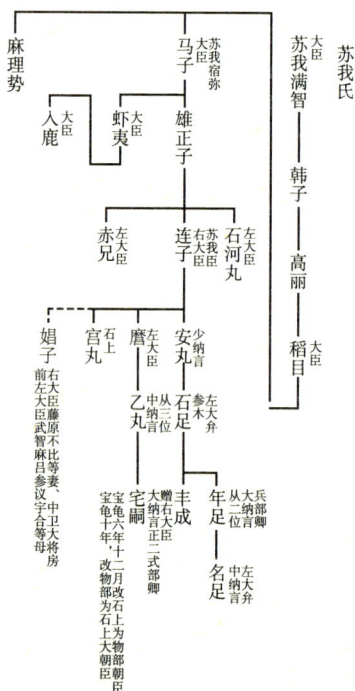

苏我氏
苏我满智 大臣 — 韩子 — 高丽 — 稻目 大臣
马子 大臣 苏我宿弥
麻理势
入鹿 大臣
虾夷 大臣
雄正子
赤兄 左大臣
连子 右大臣 苏我大臣
石河丸 左大臣
娘子 前右大臣藤原不比等妻、中卫大将房、参议宇合母
石上 宫丸 左大臣
麿 左大臣
安丸 少纳言
参左大弁
乙丸 中纳言从三位
石足 从三位
宅嗣 赠右大臣 中纳言正二式部卿 宝龟六年十二月改物部为石上大朝臣
丰成 赠右大臣 正二式部卿
年足 从二位 大兵部卿 中纳言 左大弁
名足 从二位 中纳言 左大弁

图 2-5　苏我氏谱系（根据《尊卑分脉》制作）

首先看看稻目上三代名字的特征。满智等三人中，直接与朝鲜半岛相关联的有韩子和高丽。关于韩子，《日本

书纪·继体天皇纪》中有关于吉备韩子那多利的人物注
记："大日本人娶蕃女所生，为韩子也。"（继体二十四年
九月条）根据这段文字，当时倭国男子与韩地女子所生
之子被称为"韩子"。然而，高丽、百济、任那、新罗的
人都被称为"诸韩人等"（应神七年九月条）。不管怎么
说，韩子与韩地的关系非常紧密。至于下一代高丽，与
《日本书纪》的"高丽"（高句丽）表述相同，也就是说
直接用国名作为了个人名。

此外还有说法认为，更早一代的满智与《百济记》
中记载的百济高官"木满致"（应神二十五年条）为同一
人物。这一说法将重点放在了个人名"满智"与"满致"
的一致之处，然而假设满智（满致）是百济人，就无法
解释其子为韩子，而其孙以敌国高丽为名的事实。不仅如
此，他改名为苏我氏的原因也无从得知。

不过，满智这一人名除了与百济人木满致相似，还
与天智元年六月条记载的达率万智相近，因此有可能是
参照朝鲜半岛人名来命名的。这或许出于对异国特色名
称的偏爱。另外还可推测，满智与朝鲜半岛或海外移民
女性结婚，生下了韩子。若那名女性属于高句丽一系，
则韩子之子被命名为高丽也并不奇怪。不过综合各种情
况进行考量，很难认为苏我氏是韩地或高句丽渡海而来
的移民。

苏我氏的兴亡

谱系与传承溯源

关于满智，《日本书纪》履中二年十月条记载："冬十月，都于磐余。当时是，平群木菟宿弥、苏贺满智宿弥、物部伊莒弗大连、圆（圆，此云豆夫罗）大使主，共执国事。"《日本书纪》中举出了被赐名大臣、大连的平群氏、苏我（苏贺）氏、物部氏、（葛城）圆。然而有评论称，那只是为了记述他们其后在政坛的活跃而埋下的伏笔（日本古典文学大系本注），不一定是史实。

不过，满智在《古语拾遗》（807 年斋部广成奉旨编撰）雄略天皇部分也有登场。文中记载道："更立大藏，令苏我麻智（满智）宿弥检校三藏（斋藏、内藏、大藏），秦氏出纳其物，东西文氏堪录其簿。"[①] 这段文字记录了大藏的设置和管理，令属下秦氏和东西文氏这些海外移民管理三藏的体系正式形成。

这段记录应该是基于秦氏流传下来的说法而写就的。因此，并没有直接关系的苏我氏出现在记述中，就证明那有可能是通过秦氏传承下来的有关苏我氏的某些事实。不过在《古语拾遗》中还有这样的记述：斋藏设立于神武天皇时期，忌部氏任管理之职。然而，这只是忌部氏的夸

① 日本国立国会图书馆藏《古语拾遗》。

张表现，为夸耀自己自初代天皇神武天皇的时期开始便执掌这一职务，因此斋藏的记载也不能被判断为史实。这些记述中能够提取出的信息，恐怕只有苏我氏指挥海外移民进行出纳、记账等新的国库管理工作而已。这体现出了苏我氏，尤其是苏我仓氏的特征。

关于韩子，他与《日本书纪》雄略九年三月条记载的被遣往新罗的将军之———苏我韩子宿弥应为同一人物。若该人物活跃于包含战争在内的外交往来中，也恰好符合"韩子"的特性。然而，若韩子之父活跃于雄略朝，则韩子从年龄上看不可能作为将军展开活动。这种记述中必然存在某种对史实的操作。

关于最后的高丽，《纪氏家牒》（截至平安初期编撰的纪氏谱系记录）中记载道："系图传曰，苏我稻目宿弥者，苏我石河宿弥之玄孙，满智宿弥之曾孙，韩子宿弥之孙，马背宿弥（亦曰高丽）之子。"也就是说，苏我稻目宿弥是苏我石河宿弥的玄孙，而马背宿弥则被记述为高丽的别名。这是有关高丽的另一种谱系。若这一记载正确，则苏我氏的谱系图中曾经记录了苏我石河宿弥这个人物。然而《尊卑分脉》和《公卿补任》都没有参照这一谱系，而是忽略了苏我石河宿弥，从满智开始记录的。另外也不存在关于马背的记述。苏我石河宿弥的名称，应该是出于某种原因后来添加上去的。

苏我石河宿弥与石川氏

这个苏我石河宿弥究竟是什么样的人物呢？探明这个人物的线索，就在《古事记》孝元天皇部分所记载的建内宿弥谱系中。建内宿弥子嗣众多，有儿子七人、女儿两人，分别被记录为各氏族之祖。做成一览表，便如表2－1所示。

表2－1　建内宿弥谱系（总结自《古事记》孝元天皇部分）

波多八代宿弥	波多臣、林臣、波美臣、星川臣、淡海臣、长谷部君之祖
许势小柄宿弥	许势臣、雀部臣、轻部臣之祖
苏贺石河宿弥	苏我臣、川边臣、田中臣、高向臣、小治田臣、樱井臣、岸田臣等之祖
平群都久宿弥	平群臣、佐和良臣、马御橛连等之祖
木角宿弥	木臣、都奴臣、坂本臣之祖
久米能摩伊刀比卖	
怒能伊吕比卖	
葛城长江曾都毗古	玉手臣、的臣、生江臣、阿芸那臣等之祖
若子宿弥	江野财臣之祖

从这个谱系可以看出，苏我（苏贺）石河宿弥出现在始祖位置，被定义为苏我臣的祖先。此外，他还与葛城长江曾都毗古是兄弟。因此，苏我氏和葛城氏在这里被视为同族关系。

要了解苏我石河宿弥，可以参考石川朝臣年足墓志铭

（参见本书"考古史料原文"部分，第 237 页）。墓志中记载，石川朝臣年足是"武内宿弥命子宗我石川宿弥"的十世孙。石川朝臣原姓石川臣，天武十三年（684）被赐改姓（《日本书纪》天武十三年十一月戊申条）。《续日本纪》的年足卒传中记载，他是后冈本朝（齐明朝）大臣大紫苏我臣牟罗志（连）的曾孙（天平宝字六年九月乙巳条），由此可见，石川氏原本属于苏我臣，是苏我仓氏一系的氏族。

此外，《日本三代实录》元庆元（877）年十二月二十七日条中还记述了石川朝臣木村的话："始祖大臣武内宿弥男宗我石川，生于河内国石川别业。故以石川为名。赐宗我大家为居，因赐姓宗我宿弥。"也就是说，文中提出石川朝臣氏的氏族是宗我石川（苏我石河），因为出生于河内石川别业，便用居住地作为了自己的氏。所谓别业，可以理解为管理农业等生产活动的田家、田庄。另外，包含"苏我田家"（舒明即位前纪）在内，可能存在多处别业。而后，石川氏被赐宗我（苏我）大家（位于大本营的房子）居住，便得到了宗我宿弥的名称。

如此这般，从苏我臣改姓的石川朝臣便是取居住地河内的石川为自己的氏名。在此基础上，他又被赐予宗我（苏我）大家为居，冠上了苏我氏之名。也有人提出，正是出于这一情况，他们才会从石川之地迁往苏我。然而事实是否如此呢？实际应该相反。从历史发展角度来看，应该是先发生了苏我氏到石川氏的改姓，然后为了对石川之名做出说明并赋予其权威性，又提出了改姓为苏我。

因此，石川朝臣出身石川虽为事实，但那并不是为了主张石川本为苏我氏大本营这一观点，而且也不存在宗我石川宿弥实际存在的证据（加藤謙吉『蘇我氏と大和王権』）。这个石川之地，实际上是苏我氏其中一支，即奉苏我仓麻吕（雄当）为祖先的苏我仓氏大本营。苏我仓氏在7世纪末改姓为石川氏（志田諄一『古代氏族の性格と伝承』）。《尊卑分脉》的苏我氏谱系便以石川氏为中心，而把已经没落的马子—虾夷—入鹿这一支苏我氏主干放到了旁系的位置。

另外，《日本书纪》敏达十三年是岁条还记载："马子宿弥，亦于石川宅修治佛殿。佛法之初，自兹而作。"这里说的石川并非河内，将其考虑为大和国高市郡更为妥当（日本古典文学大系本等）。

苏我氏的据点与"苏我"

那么，苏我氏的大本营究竟在什么地方呢？根据《日本古代氏族人名辞典》收录的各种说法，苏我氏大本营有以下几个选项：

（1）大和国高市郡曾我（现奈良县橿原市曾我町）。

（2）大和国葛上郡（现奈良县御所市一带）。

（3）河内国石川郡（现大阪府富田林市东半部与南河内郡一带）。

（3）河内石川的说法如上文所述，极有可能是苏我改姓石川后出现的后世之说，并不一定是自古便存在的据点。（2）大和葛城一说乃马子的主张，虽然意味着葛城是马子诞生地，但反而印证了此处并非氏族大本营。那么，可以直接取信（1）的说法吗？

此时先来看看建内宿弥谱系。奉苏贺（苏我）石河宿弥为祖的氏族有苏我臣、川边臣、田中臣、高向臣、小治田臣、樱井臣、岸田臣。这些都是可婆根"臣"姓氏族。这些氏族都取地名为氏族名称，虽然这些地名是否为其氏族大本营尚存疑问，例如：奈良时代大和国的川边（十市郡川边乡）、田中（高市郡田中宫）、小治田（高市郡小垦田宫）、樱井（高市郡樱井丰浦宫）、岸田（山边郡岸田村）；河内国的高向（锦部郡高向村）、樱井（河内郡樱井乡、石川郡樱井宫）；等等。因此可以认为，苏我也同样来自地名。

顺带一提，号称建内宿弥之子的人名，也如下文所述，多取地名为名。如波多（高市郡波多乡）、许势（高市郡巨势乡）、平群（平群郡平群乡）、木［平群县纪里（「纪氏家牒」）］、久米（高市郡久米乡）、葛城（葛上郡、葛下郡）。然而，怒能、若子却不见于地名之中。本居宣长《古事记传》中提到"怒能"为地名，但语焉不详。"若子"（幼子之意）应纯粹就是一个人名。除此以外，其他人名基本都与地名相关。

如此类推，苏我便是地名，对应大和国高市郡曾我（苏我）。曾我之地建有宗我坐宗我都比古神社。《新抄格敕符抄》中，大同元年（806）条可见"宗我神"的记载。另外，宣长也主张这一说法，但并未明确给出依据。

此外，还有人认为，在稻目活跃的时代，苏我自河内石川进入大和，而定居高市郡曾我应为稻目以后之事。只是如上文所述，河内石川起源一说为改姓后的石川氏提起，想必很难将河内石川认定为稻目以前的据点。

建内宿弥传承的意义

上文提到，《古事记》孝元天皇部分记载的建内宿弥谱系可延续到苏我氏。那么，这一结论具有什么意义呢？

该谱系主要注明了奉建内宿弥为祖的同族关系。相传建内宿弥在景行、成务、仲哀、应神、仁德各天皇时代担任"大臣"。《公卿补任》中有传说记载："在官二百四十四年，春秋（年龄）二百九十五年。"（仁德天皇部分）。

从在官年限和年龄来看，不得不说，这是一位不可能真实存在的忠臣。

此时又要重提上文记述，其子九人虽不存在确为同族的证据，但其中七人（若怒能取自地名，则为八人）取地名为名，另外，九子的二十七名子孙中，二十五氏皆为臣姓。若只论苏贺石河宿弥子孙，七氏均为臣姓。换言之，以地为名的地方豪族都与建内宿弥相联系，构成了一幅同族谱系。

但重点在于，与该谱系相连，并以地为名的臣系氏族，都将这一谱系作为自身侍奉天皇的依据（吉村武彦『日本古代の社会と国家』）。以地为名的臣氏与负名氏不同，并没有在姓中加入侍奉天皇的职能内容。他们通过将自身与建内宿弥谱系建立联系的举动，来宣示自己将像建内宿弥那样侍奉天皇，成为忠臣。

这一事实可从天平八年（736）葛城王橘宿弥请求赐姓的上奏文中看出（《续日本纪》天平八年十一月丙戌条）。上奏文称，葛城王之母——赐从一位县犬养橘宿弥三千代，历经天武（净御原朝廷）、持统、文武、元明（藤原大宫）四代天皇，"事君致命，移孝为忠，夙夜忘劳，累代竭力"，强调了其母对天皇的长年侍奉，请求继承橘姓。

文中还举出了《古事记》孝元天皇部分记载的建内宿弥事例："尽事君之忠，致人臣之节。创为八氏之祖，永遗万代之基。自此以来，赐姓命氏。或真人，或朝臣。源始王家，流终臣氏。"由此可见，直至奈良时代前半期，建内宿弥都被认作侍奉天皇和赐姓的源流。在这种情况下，上奏文又强调母亲的"橘"姓虽不是地名，但正如"橘树实花叶，同枝并茂香，秋霜虽下降，绿叶总经常"（橘は実さへ花さへその葉さへ枝に霜降れどいや常葉の木，《万叶集》1009）这句诗文所描述的那样，是"即使秋霜下降，也绝不枯萎的长青之树"。

苏我氏诸族

根据这一谱系，可以判明苏我氏诸族的性质。所谓诸族，如"苏我氏诸族等悉集，为嶋大臣造墓而次于墓所"（《日本书纪·舒明即位前纪》）、"（马子）大臣引率八腹臣等（意为各旁族）"（《日本书纪》推古二十年二月条）所述，乃苏我氏同族。从"八腹臣"这一说法可推断，苏我拥有众多同族。而谱系中则有以下记载（后半段为推测的发源地）：

川边臣氏　大和国十市郡川边乡

田中臣氏　大和国高市郡田中宫

小治田臣氏　大和国高市郡小垦田宫

櫻井臣氏　大和国高市郡櫻井丰浦宫，河内国河

内郡樱井乡、石川郡樱井宫

　　岸田臣氏　大和国山边郡岸田村

　　高向臣氏　河内国锦部郡高向村

　　除此之外，《新撰姓氏录》中还记有以下苏我氏后裔：

　　田口臣氏（左京皇别上）大和国高市郡（桧前乡）田口村

　　箭口臣氏（左京皇别上）或为大和国高市郡飞鸟京一带

　　久米臣氏（右京皇别上）大和国高市郡久米乡

　　御炊朝臣氏（右京皇别上。朝臣以前或为臣）发源地不明

　　另可加上苏我氏复姓［如"苏我境部"，由"苏我"与"境部"两个姓（氏）构成，学术上称为复姓］：

　　境部臣氏（苏我境部臣）或为高市郡轻一带（加藤谦吉提出）

　　这些都是被称为同族的苏我氏一族。苏我同族大多居住在大和国高市郡，从旁印证了苏我氏发源于大和地区。

另外，这种以地为名的形式与针对该地区的支配与统治有密切关系。比如《新撰姓氏录》有记载：（1）卢原公氏"以卢原国给之"（右京皇别下）；（2）大户首氏"河内国日下大户村造立御宅。为首仕奉行。乃赐大户首姓"。可见，（1）卢原公与（2）大户首分别通过对卢原国和大户村的支配统治，谋得了侍奉王权的地位（須原祥二『古代地方制度形成過程の研究』）。两者都属于"国"、村单位，这点也值得注意。

这种行政单位与氏族控制的支配统治系统，也可在《播磨国风土记》中看到踪影，即饰磨郡部分的伊和里与伊和君氏、巨智里与巨智氏、揖保郡的少宅里与少宅氏、桑原里与桑原村主氏的关系等。

各个氏族以地为名，意味着承担了对该地区的支配与统治职务。然而，这些地名大多范围较为狭窄。即使以同样的地名为名，国与郡、乡与里的等级不同，其支配与统治的实质自然也就不同。

3　苏我稻目与日本列岛的开拓

苏我稻目与那津官家

整理完苏我氏的登场背景，接下来将对苏我氏各个人物进行单独论述。首先是苏我稻目。

稻目登场于《日本书纪》中的宣化天皇时代。宣化
即位后，大伴金村及物部麁鹿火再任大连，稻目也被任命
为大臣。这是《日本书纪》头一次对稻目有所记载。实
际上，稻目在历史舞台上的登场略显唐突，但在论述原因
之前，可以先对稻目在宣化朝的足迹进行一番回溯。借
此，我们能勾勒出苏我稻目这一人物的大概轮廓。

除宣化朝就任大臣外，关于他的记载只有宣化元年五
月条，但这一处记载暗示了苏我氏未来的活动，故本文先
从此处开始探讨。那段记载讲的是在筑紫那津之口修建官
家储备粮食，以备国内非常之需和厚飨海外宾客之用，政
策内容包括：（1）将河内国茨田郡屯仓、尾张国屯仓、
新家屯仓、伊贺国屯仓的谷物运至其中；（2）在那津之口修
建房屋，将筑紫、丰、肥等地屯仓的谷物存放其中。在实施
这一政策时，稻目负责令尾张连运送尾张国屯仓谷物。①

① 《日本书纪》宣化元年五月条的原文如下："夏五月辛丑朔，诏曰：
'食者天下之本也。黄金万贯，不可疗饥，白玉千箱，何能救冷。
夫筑紫国者，遐迩之所朝届，去来之所关门，是以，海表之国，候
海水以来宾，望天云而奉贡。自胎中之帝洎于朕身，收藏谷稼，蓄
积储粮，遥设凶年，厚飨良客。安国之方，更无过此。故，朕遣阿
苏仍君，加运河内国茨田郡屯仓之谷。苏我大臣稻目宿祢，宜遣尾
张连，运尾张国屯仓之谷。物部大连麁鹿火，宜遣新家连，运新家
屯仓之谷。阿倍臣，宜遣伊贺臣，运伊贺国屯仓之谷。修造官家那
津之口。又其筑紫肥丰三国屯仓，散在悬隔，运输遥阻。傥如需
要，难以备卒。亦宜课诸郡分移聚建那津之口，以备非常，永为民
命。早下郡县，令知朕心。'"

苏我氏的兴亡

这一记述无法用同时代史料进行佐证。此外，文中还存在当时尚未出现的中国典籍引用，以及并不存在的"郡"字等表述，因此有观点认为这篇记载的真实性存疑，或为后世人根据知识加以润色而得。因为事关史实，此处还需进一步探讨。

那津是福冈县面朝博多湾的海港，古时是《魏志·倭人传》中记载的奴国所在地，也就是奴（那）地之港（津）。此处为旧筑前国那珂郡中岛乡（今福冈市博多区），上文的官家就修建于此（原文"修造"虽意为修理，此处或为新建之意）。

官家读作"miyake"（百济系统史料记为"弥移居"），在大段记述中，同样读作"miyake"的"官家"与"屯仓"被区分使用，可以认为两者作为"miyake"的功能与作用并不相同。从这个差异来看，官家与屯仓不可能修建在同一地区。所谓"miyake"，字面意义为"御宅（特殊的宅）"，实际是以"宅"为中枢的机构，其首要语义是大和王权的政治据点。而设有仓储设施，从事农业等生产经营的机构则为"屯仓"。

另外，"官家"或许还兼设有某种官衙（行政办公室）性质的机构。举那津官家为例，从宣化元年条可以看出，它兼具了外交机构和国内政治、经济据点的功能。再从上文记述中可以看出，（1）畿内及其周边，以及

（2）九州屯仓的谷物运送，都与那津官家的修建联系在一起。

也有部分看法认为，要将沉重的谷物从畿内周边运送到那津，仅凭当时的技术很难实现。然而，在古坟时代的5世纪末到6世纪，就已经存在阿苏粉石（暗紫红色岩石）被运送到奈良、大阪、滋贺加工成舟形石棺和房形石棺的史实。另外，早在4～5世纪，有明海沿岸制作的舟形石棺也被运送到冈山、香川、兵库、大阪、京都等地（『日本考古学事典』）。即使稻谷沉重，利用水上交通进行运输应该不成问题。

那么，那津官家与后来大宰府的关系究竟如何？至少可以肯定，不可能是官家扩大后成为大宰府的。废除屯仓、田庄制的大化改新以及白村江战败等，与官家有关的历史背景直至其后仍在不断变化，其结果就是出于外交需要而设置了大宰府。虽说如此，在6世纪前半期，那津官家无疑起到了那个时代的外交机构作用。

屯仓支配的特征

若这样去理解那津官家，那么稻目又起到了什么作用呢？根据《日本书纪》记载，往那津之口的官家运送稻谷的指令系统如下：

主管人	运送负责人	支出稻谷的屯仓
宣化天皇	阿苏君	河内国茨田郡屯仓
苏我大臣稻目	尾张连	尾张国屯仓
物部大连麁鹿火	新家连	河内国志纪郡（黛弘道的观点）的新家屯仓
阿倍臣（大夫）	伊贺臣	伊贺国屯仓

　　值得注意的是，这里的主管人并不只有天皇。若是以天皇为中心的政治体制，应为宣化统领全局。然而，这里清楚表明，主管人除天皇外还有大臣、大连及大夫。由这些人主管运送，可以推测出各氏族与屯仓之间的密切关系。换言之，这道指令并非出自天皇独裁，而是优先考虑了整个朝廷的利害（黛弘道『律令国家成立史の研究』）。这就是宣化朝屯仓支配制度的特征。

　　除茨田的屯仓以外，运送负责人与屯仓都是尾张连－尾张屯仓、新家连－新家屯仓、伊贺臣－伊贺屯仓这样的对应形式，因此他们极有可能是负责地方屯仓管理的地方首长。这些地方首长与特定氏族联系在了一起。另外，茨田屯仓与阿苏君的关系虽然不明确，但宣化之父继体天皇与茨田连小望之女关媛结婚，生下了三个女儿，由此可以推定宣化与茨田屯仓的关系，实际运送则由宣化命令阿苏君氏负责。关于稻目与尾张连氏的关系，尾张连草香之女目子媛与即位前的继体天皇结婚，生下安闲、宣化两天皇，根据《古事记传》（卷二十一）等史料记载，这个尾张氏以葛城邑（原高尾张邑）为据点。若此说正确，则可推断苏我氏与尾张氏因葛城之地而产生了关联，但其中存在不确定因素，难以得出定论。

总而言之，往那津官家运送稻谷的决策实施者不仅仅是天皇，还包括了大臣、大连和大夫。

为探讨这些主管人的特征，这里要将时代稍微推进到钦明朝和敏达朝，与白猪屯仓相关运营的记述进行比较。记述包括以下三项：

（1）遣苏我大臣稻目宿弥、穗积磐弓臣等，使于吉备五郡，置白猪屯仓。

（2）遣苏我大臣稻目宿弥等于备前儿嶋郡，置屯仓。

（3）遣苏我马子大臣于吉备国，增益白猪屯仓与田部（务农者）。

这些记述中包含"郡"字等，种种迹象皆表明其实为后世润色而成。然而，值得注意的是"遣"字的使用，这说明天皇直接下令派遣稻目、马子等人设置屯仓。此处与宣化朝的记述明显不同。换言之，在屯仓运营方面，天皇的主导权正在逐渐加强。

苏我氏的兴亡

从这一视角重新审视《日本书纪》宣化朝部分，在外交方面，可见"天皇，以新罗寇于任那，诏大伴金村大连，遣其子磐与狭手彦，以助任那"。这一记载与国内运送谷物至屯仓的记载截然不同，明显是天皇在行使外交权。

从继体到钦明

宣化朝的记载至宣化四年便告终，随后继体天皇即位。为探明这一时代的历史背景，首先要从《古事记》和《日本书纪》中大致总结从继体朝到钦明朝的历史。

由于仁德系武烈天皇没有子嗣，在其驾崩后，号称"应神五世孙"的继体天皇即位（图 2 - 6）。即位仪式于继体元年（507）于河内樟叶宫（今大阪府枚方市楠叶）举行。继体的父亲出身近江，母亲出身三国坂中井（今福井县坂井市）。

即位后，继体天皇于继体五年迁都山背筒城（今京都府缀喜郡），再于继体十二年迁都弟国（旧山城国乙训郡，今向日市、长冈京市附近）。到继体二十年，他终于在大和的磐余（旧大和国矶城郡，今樱井市附近）建造玉穗宫。亦有异说（一本）称天皇于继体七年进入大和，但前者应该更接近事实。继体之所以迟迟没有进入大和，是因为有一支势力一直阻止其入国。

（△＝皇子）

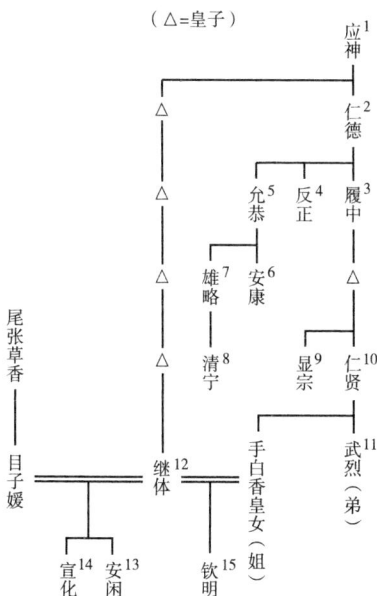

图 2－6　继体天皇谱系（数字为即位顺序）

　　这里针对继体是否真实存在的疑问，源于继体卒年的多种说法（表 2－2）。《日本书纪》记录的《百济本记》中有以下传闻记述："又闻，日本天皇及太子皇子，俱崩薨。"这段记述中提到继体卒年为"辛亥年"［继体二十五年（531）］。此时，尽管继体是在"让位"后去世的，至安闲元年（534）依旧多出了超过两年的空位时间。另外，若"天皇及太子皇子，俱崩薨"确为事实，则可推定当时发生了某种政变。支持政变的观点将其称为"辛亥之变"。然而，发生政变的可能性很小。此外，《日本书纪》异说（或本）称，继体卒年为二十八年。但是《古事记》所记之卒年干支为"丁未年"，即继体二十一年，与《日本书纪》记载有出入。

表 2 - 2　继体卒年与钦明朝

（记＝《古事记》、纪＝《日本书纪》、

帝说＝《上宫圣德法王帝说》、缘起＝《元兴寺伽蓝缘起》）

公历	干支	书纪纪年	帝说、缘起	喜田贞吉说		内容
525	乙巳	继体十九			继体十九	
526	丙午	继体二十			继体二十	纪:迁都磐余
527	丁未	继体二十一			继体二十一	记:继体卒;纪:筑紫君磐井叛乱
528	戊申	继体二十二			继体二十二	纪:斩杀磐井
529	己酉	继体二十三			继体二十三	
530	庚戌	继体二十四			继体二十四	
531	辛亥	继体二十五	（即位）	继体二十五卒（即位）		百济本记:日本天皇及太子皇子,俱崩薨
532	壬子		钦明元		钦明元	
533	癸丑		钦明二		钦明二	
534	甲寅	安闲元	钦明三	安闲元	钦明三	纪(或本):继体卒、武藏国造之争
535	乙卯	安闲二	钦明四	安闲二卒	钦明四	记:安闲卒;纪:屯仓兴建
536	丙辰	宣化元	钦明五	宣化元	钦明五	
537	丁巳	宣化二	钦明六	宣化二	钦明六	
538	戊午	宣化三	钦明七	宣化三	钦明七	帝说、缘起:佛教公传
539	己未	宣化四	钦明八	宣化四卒	钦明八	
540	庚申	钦明元	钦明九		钦明九	纪:大伴金村倒台
541	辛酉	钦明二	钦明十		钦明十	纪:"任那复兴"协议
542	壬戌	钦明三	钦明十一		钦明十一	
543	癸亥	钦明四	钦明十二		钦明十二	

另外,《上宫圣德法王帝说》及《元兴寺伽蓝缘起》记载,钦明元年为辛亥年(《日本书纪》的继体卒年)的第二年,即壬子(532)年。从这个记载来看,安闲、宣化两天皇统治的时间就不存在了。因此,也有人提出钦明天皇与安闲、宣化两天皇的"二朝并列说"(喜田贞吉)。林屋辰三郎将喜田贞吉提出的说法进一步发展,并举筑紫君磐井叛乱、武藏国造之争、全国范围的屯仓兴建和"辛亥之变",提出了"内乱之说"。

不过,实为继体陵的今城塚古坟和新池窑遗迹发掘调查成果显示,继体卒后进行过与殡葬相关的古坟祭祀,很难想象当时正处于内乱状态。如此一来,虽然钦明即位众说纷纭难以定夺,至少可以肯定,钦明即位后再次起用了上一代的大臣苏我稻目。

钦明天皇与苏我氏

对于这个钦明,稻目似乎早有接触。早在钦明即位前,稻目就将女儿坚盐媛与小姊君嫁予钦明为妃,二人生下众多孩子。也就是说,早在钦明即位前,苏我氏就一直坐拥天皇外戚地位,发挥着自己的政治影响力。那么,稻目和钦明为何会有如此紧密的关系呢?

解开这个谜题的关键在于继体子辈的即位。如上文所述,继体即位前便与尾张连草香之女目子媛结婚,生下了勾大兄（后来的安闲天皇）与桧隈高田皇子（后来的宣化天皇）。据《日本书纪》记载，继体是在大伴氏的主导推动下即位的。然而，继体虽为应神五世孙，却与上代天皇没有直接的血缘关系。为了与前朝建立关系以巩固自身的正统性，他在即位后与仁贤天皇之女手白香皇女结婚。换言之，就是通过婚姻将自己联系到了天皇谱系上。二人婚后诞下一名皇子（幼名不详），就是后来的钦明天皇（图 2-7）。

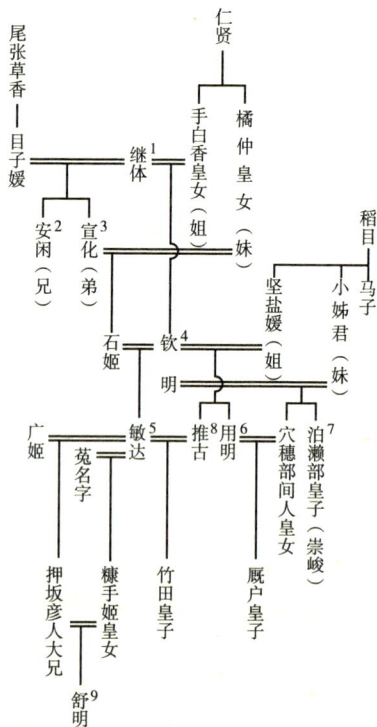

图 2-7　钦明天皇周边谱系（数字为即位顺序）

如此一来，因为安闲、宣化两天皇皆为尾张氏所生，大伴金村便以大连身份掌握了政治主导权。在这种状态下，安闲、宣化与钦明之间便"产生了分歧与对立"。因此，钦明与苏我稻目之间的政治提携迅速推进，最终发展成了姻亲关系（熊谷公男「蘇我氏の登場」）。钦明与稻目之女坚盐媛生了七男六女，又与小姊君生了四男一女。这样一来，苏我氏就跟钦明形成了紧密的羁绊。

若过分强调安闲、宣化与钦明的对立，就会成为上文提到的"二朝并列说"。然而，钦明亦与宣化之女石姬结婚并生下一子，后来还即位为敏达天皇。石姬为宣化天皇与仁贤天皇之女橘仲皇女所生，相当于继体的侄女。宣化很可能跟随了父亲继体的脚步，试图与仁贤皇统形成联系。而钦明则与宣化的女儿石姬结了婚。如此考虑下来，很难想象两者之间存在能够导致二朝并列的激烈对立。顺带一提，除苏我氏的两个女儿以外，钦明还与石姬的两个妹妹以及春日日抓臣氏之女结了婚，但除苏我氏两女之外，其他婚姻并没有带来多少儿女。不仅如此，他与担任大连的大伴氏和物部氏的女儿皆未缔结婚姻关系，彼此联系较弱。从这些行动可以推测出，钦明的意图在于将安闲、宣化时期的主导者大伴氏边缘化，转而依靠新兴的苏我氏主导政治。

苏我氏的兴亡

提到苏我氏及其后天皇的关系，如图 2 - 7 所示，坚盐媛之子分别即位为用明天皇与推古天皇，小姊君之子即位为崇峻天皇。苏我家系的天皇足有三人。

这种氏族成为天皇外戚的形式并非自苏我而始。从基本可确认真实存在的应神天皇以后，直到苏我氏时代之前，就已经存在天皇与王族异母姐妹之间的婚姻。然而那一时期，近亲婚姻生下的孩子都没有成为天皇。反倒是强大氏族出身的女性生下的皇子更容易即位为天皇。

接下来再将应神以后生下后世天皇的后妃进行一番总结，就如表 2 - 3 所示。十五位后妃中，有六位来自葛城氏，两位来自尾张氏。也就是说，除内亲王、皇亲以外，超过半数都是氏族出身。稻目也沿袭了葛城氏和尾张氏的做法，让女儿与天皇结婚。然而除了单纯的沿袭，稻目这个行为还包含了一定政治目的，有必要将其视作加强对王权"介入"的手段。不过与其称之为"介入"，倒不如说"渗透"更为妥当。

表 2 - 3　应神以后的天皇之母及其地位、家系

天皇	母亲	母亲地位	母亲家系
应神	气长足姬	仲哀皇后	皇亲
仁德	仲姬	应神皇后	皇亲
履中	磐之媛	仁德皇后	葛城氏
反正	磐之媛	仁德皇后	葛城氏

天皇	母亲	母亲地位	母亲家系
允恭	磐之媛	仁德皇后	葛城氏
安康	忍坂大中姬	允恭皇后	皇亲
雄略	忍坂大中姬	允恭皇后	皇亲
清宁	韩媛	雄略元妃	葛城氏
显宗	荑媛		葛城氏
仁贤	荑媛		葛城氏
武烈	春日大娘	仁贤皇后	内亲王
继体	振媛		垂仁七世孙
安闲	目子媛	继体元妃	尾张氏
宣化	目子媛	继体元妃	尾张氏
钦明	手白香皇女	继体皇后	内亲王

说明：皇亲、内亲王为律令法用词。

钦明朝的稻目

钦明天皇即位前，以"余幼年浅识，未闲政事"为由，推举安闲皇后春日山田皇女，回绝过一次即位请求（钦明即位前纪）。然而，他最终还是在群臣推举之下即位。这里的问题在于"幼年"一词。当时钦明已经三十一岁，绝非现代人感觉中的幼年。

只是在日本古代，天皇继位的适当年龄与现代人的感觉并不一样。对古代天皇继位年龄统计可知，在钦明以前，继体五十八岁即位，安闲六十六岁即位，宣化六十九岁即位。钦明以后，敏达三十五岁即位，用明四十六岁即位，崇峻四十五岁即位，推古三十九岁即位。当中最年轻的也已超过三十五岁，因此钦明三十一岁即位确实可算过早。故《日本书纪》中所谓"幼年"的语感虽常被人误解，但不可否定，钦明在当时确实尚未达到适合即位的年龄，大可以按照《日本书纪》的原话进行理解。

另外，根据上文所述的"继体—钦明朝内乱"一说，继体卒于531年，那么在那一年即位的钦明就只有二十二岁。如此小的年龄，按照当时惯例来看，应该不可能即位。

钦明将王宫选在矶城岛（大和国矶城郡，今樱井市金屋附近），《日本书纪》将其记为矶城岛金刺宫。钦明的和式谥号为"天国排开广庭天皇"，意为凭借威力开拓天地（国）之美名的"广庭"。由此可见，当时的贵族认为，钦明朝是一个扩大统治范围的朝代。

那么在钦明朝中，稻目作为外戚又有着怎样的活跃呢？向后世展示其影响力的一个因素，就是稻目宅邸。在佛教经由百济圣明王正式传入的时期，稻目主张接受佛教。当时的记述表明，稻目将佛像安放在小垦田（小治田）家，另将向原家定为了寺庙（钦明十三年十月条。此寺为后世丰浦寺之前身）。另外，这也是日本最古老的寺庙。

若这一记述符合史实，就如地图所示（图2-8），稻目在相对比较接近的小垦田（或位于飞鸟寺北侧）和向原（今向原寺附近。另，向原寺下层保存着丰浦寺遗迹，丰浦寺为丰浦宫改造而成）都拥有宅邸。除此之外，他还安排妻子住在轻曲殿（今橿原市大轻町附近）（钦明二十三年八月条）。

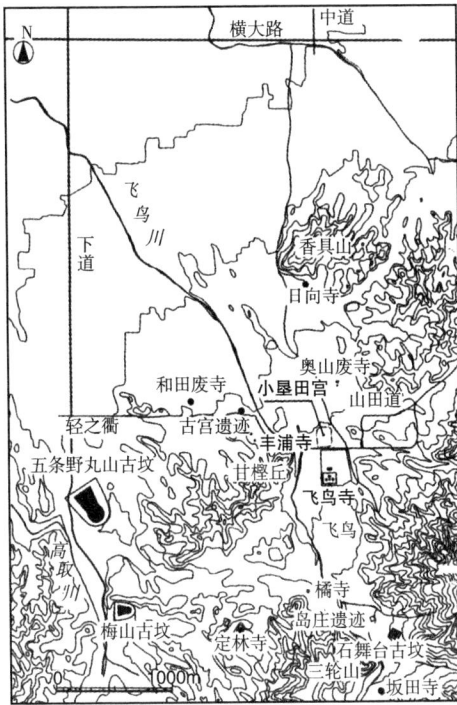

图 2－8　小垦田与丰浦

此处应该注意到"小垦田"和"丰浦"这两个地名。这些地名让人最先联想到的，就是修建丰浦宫和小垦田宫的推古天皇。这两个地区皆为稻目宅邸所在地，后来又兴建了推古的王宫，这一事实无疑提示了推古与苏我氏之间的关系。推古为稻目之女坚盐媛与钦明所生之女（稻目外孙），她的王宫也选在了稻目宅邸所在的地方。

推古在崇峻天皇遭到暗杀后一个多月就即位于丰浦宫，随后在推古十一年（603）迁宫至小垦田宫。丰浦宫在《元兴寺伽蓝缘起》中被记为"佐久罗韦等由罗宫"。有人指出，推古仅仅一个多月就能建起王宫，证明丰浦宫有可能使用了其祖父宅邸的一部分（大脇潔「蘇我氏の氏寺からみたその本拠」）。不管怎么说，王宫都兴建在稻目宅邸所在地区。这点直接展示了苏我氏在推古朝的政治影响力。

稻目的经济、政治手段

上文提到，在宣化朝，稻目以主管人身份命令尾张连从尾张国屯仓运送稻谷至那津官家。进入钦明朝，稻目又亲自前往吉备兴建了白猪屯仓和儿嶋屯仓，利用名簿方式改田部为田户并进行管理，以此来进行屯仓运营。

如上文所述，宣化朝与钦明朝的记述差异代表着大和王权指令系统发生了质变。在宣化朝的指令系统中，宣化天皇只是构成朝廷的成员之一。然而到了钦明朝，就变成了天皇号令群臣，钦明作为执掌政务的唯一人物，向稻目和马子下达指示。《日本书纪》中的这个记述差异，应该可以直接这样理解。

钦明给苏我氏安排的任务，体现在派遣稻目、马子前往白猪屯仓等地方，将其建设为农业经营据点。与此同时，他还命令苏我氏完善了儿嶋屯仓（儿嶋设有津和客馆设施）的港湾设施。苏我氏率领中小型移民氏族，运作屯仓以扩大和强化大和王权的财政基础，其具体方法如下。

以白猪屯仓为农业经营据点，首先将负责耕作屯仓田地的农民编为田部，然后将田部的名字记入名籍（名牌、名札，或为书写在木简上的名簿），使用这些名簿来分配每个人的公租公课（租税）。稻目接到派遣时，田部已经编成十数年，许多人并未登记在当时的名簿上，使得收取租税的工作无法通过名簿切实完成。于是稻目重新创造了田户这个编制，以掌握各个家族集团的真实情况，并将其定为新的屯仓运营管理方式。直接参与运营管理的，是海外移民白猪胆津（钦明三十年条）。

这样一来，苏我氏就导入了用名簿进行屯仓耕作者管理的现代化机制。另外在敏达三年（574）条还可见如下记载：派遣马子大臣到白猪屯仓，完成扩充屯仓和增加田部的工作。像这样，大臣亲自前往地方屯仓赴任，便是苏我氏行动的一大特征。

4 苏我马子与佛教的传入

佛教传入

关于从稻目到马子那一代的苏我氏，还有另外一个重要主题，那就是对佛教的接纳。

佛教自百济传入日本。百济兴于汉江下游的汉山城（今韩国首尔附近）（图2-9），受到北方高句丽的南侵政策影响，不得不沿朝鲜半岛南下，先后迁都至锦江上游的熊津城（475年，忠清南道公州）和锦江中游的泗沘城（538年，忠清南道扶余）。百济国王武宁王与圣明王分别于521年和524年向中国南朝梁皇帝求得"百济王"的册封。

大同七年（541），百济遣使南朝梁，请回"《涅槃》等经义、《毛诗》博士并工匠画师等"（《梁书·诸夷传》）。百济通过与南朝梁的文化交流，积极吸收了中国佛教和儒家文化。武宁王卒于523年，其陵墓也受到了南朝佛教文化的强烈影响。

另外，百济为了与高句丽对抗，还曾向倭国请求军事支援。《日本书纪》中记载有"乞救军"（钦明八年条）、"求请救兵"（钦明十三年条）、"乞军兵""所请军"（钦

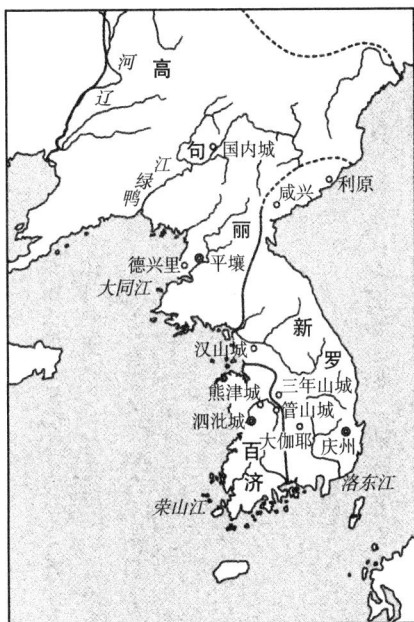

图2-9　朝鲜半岛地图（5世纪前后）

明十四年条）、"乞救兵"（钦明十五年条）等，证明百济曾多次请求倭国派遣援军。

倭国在给予百济军事支援的同时，为实现列岛文明化，也对百济提出了派遣儒家五经博士和佛教僧侣，以及易博士、历博士、医博士、采药师、乐人等上番（指轮流到倭国工作）的要求。被派遣到日本的有五经博士段杨尔（继体七年条），五经博士王柳贵、马丁安，易博士王道良，历博士王保孙，采药师潘量丰、丁有陀等人

（钦明十五年条）。从这些博士的姓"段""王""马""潘""丁"中可以看出，他们其实是来自中国南朝梁的人（末松保和『任那興亡史』）。由此可见，倭国十分重视从百济吸收文化。

在这样的交流过程中，圣明王正式将佛教传入了倭国（即"佛教公传"）。《日本书纪》钦明十三年（552）条记载："献释迦佛金铜像一躯、幡盖若干、经论若干卷。"但是《上宫圣德法王帝说》戊午年（538）记载道："始奉度佛像经教并僧等……"也就是说，在佛教传入时间方面，有538年和552年两种说法。但两者都属钦明朝时期，可以断定佛教确实在钦明朝传入日本。

围绕接纳佛教的苏我氏动向

根据《日本书纪》记载，佛教公传时，钦明天皇历问群臣："西蕃献佛，相貌端严。全未曾有，可礼以不。"当时大臣苏我稻目表示了赞同，大连物部尾舆与中臣镰子等群臣皆持反对态度。其结果就是，钦明将佛像赐予了表示愿意接纳佛教的稻目。如上文所述，稻目为此将向原（今明日香村丰浦）的宅邸改为了寺庙（本书第84页）。

在佛教传入方面，《日本书纪》记载了钦明朝以来历代天皇咨问群臣的情况。稻目那次因为接纳佛教后疫病流行，中臣氏等便将佛像弃于难波堀江，并烧毁寺庙。

接下来又有敏达天皇"不信佛法而爱文史"（敏达即位前纪），对佛教传入采取了反对态度。与此同时，百济国王又通过被派遣到百济的大别王和难波吉士木莲子等人，向敏达赠送了"经论若干卷，并律师、禅师比丘尼、咒禁师、造佛工、造寺工，六人"（敏达六年条），以及"弥勒石像一躯""佛像一躯"（敏达十三年条）。

稻目之子苏我马子接收了佛像，并造佛殿虔诚供奉。此外，他还令善信尼等人出家，并对其尊崇有加，在石川宅修建了佛殿。《日本书纪》记载："佛法之初，自兹而作。"（敏达十三年是岁条）。其后日本国内疫病流行（或为天花），马子特求敏达准赐，为祈祷自身疾病康复，在精舍供养佛法。

接下来即位的用明天皇罹患疾病，又向群臣咨问："朕欲归三宝，卿等议之。"（用明二年四月条）此时崇佛派的马子和废佛派的大连物部守屋、中臣胜海之间形成了公开对立。其结果如后文所述，双方引发争端，物部本宗家被灭。《日本书纪》还记载道，用明天皇"信佛法尊神道"（用明即位前纪）。

如上所述，天皇每换一代，都会向群臣问议接纳佛教一事。这是为什么呢？其实在当时有个惯例，只要新天皇即位，在任命群臣（包括再任）之后，马上就要针对接纳佛教和新罗远征等重要政策向群臣征求意见。这是那一时期大和王权

政治的存在形式（川尻秋生「仏教の伝来と受容」）。

那么，为何苏我氏要接纳佛教呢？从《日本书纪》中可以找到其理由。相传为稻目主张的"西蕃诸国一皆礼之，丰秋日本岂独背也"（钦明十三年十月条）应该说中了问题本质。稻目认为，在中国文明圈周边的列岛文明化过程中，为使日本赶上半岛诸国文化发展的进程，必须要引入佛教。这一思想与苏我氏周边的海外移民的意志想必也是相通的。抽象地说，那是苏我氏这一新兴氏族从东亚诸国获得的一种见解。

另一方面，物部、中臣两氏则反驳称："我国家之王天下者，恒以天地社稷百八十神、春夏秋冬祭拜为事。方今改拜蕃神，恐致国神之怒。"（同前）这是十足的守旧立场，与苏我氏的开明立场截然相反。借此还可理解当时的政治情况——守护传统共同体秩序的几支势力与新兴强大氏族、首领之间的对抗。当时涌向传统社会秩序的新浪潮，表现为了针对是否接纳佛教而展开的氏族斗争。

敏达朝的马子

围绕佛教传入一事，上文已经涉及敏达及用明天皇时期，此处要将时间回溯，理清从钦明到敏达的皇位继承情况。

自大伴金村于继体朝因"任那四县"落马之后，日本中央政治形势逐渐演变为传统保守派物部氏与亲近钦明天皇的苏我氏之间的争端。钦明三十二年（571），钦明给敏达留下"任那复兴"的遗诏后驾崩，遗体葬于隈坂合陵。后坚盐媛也被移葬到钦明陵中（推古二十年二月条）。此处陵墓应该就是五条野（见濑）丸山古坟。

关于这座陵墓，1991 年，一位普通市民曾偶然从缺口处进入横穴式石室，并将在里面拍摄的照片公开。石室全长 28.4 米，在日本属于最大规模的级别。石室内部有两个石棺，完全符合《日本书纪》记载。前方石棺（棺盖全场 2.89 米，宽 1.41 米）可能为钦明，后方石棺（棺盖全程 2.64 米，宽 1.44 米）则可能是坚盐媛。前方的钦明石棺更大（图 2 – 10）。古坟坟丘长 318 米，属前方后圆坟形，是奈良盆地最大的古坟。从陵墓坟形和规模来看，钦明朝似乎是一个时代的转折点。然而，亦有说法称该古坟兴建于 6 世纪末，并不能完全确定是钦明陵。

如上文所述，新即位的敏达天皇是个"不信佛法而爱文史"的人物。《日本书纪》还记录了敏达天皇"宜断佛法"的御诏（敏达十四年三月条）。敏达即位后重新任命物部守屋为大连，另新任苏我马子为大臣。自大伴氏落马后，大连的地位便由物部氏独担。

另外，《日本书纪》敏达元年条还有一则颇为有趣的

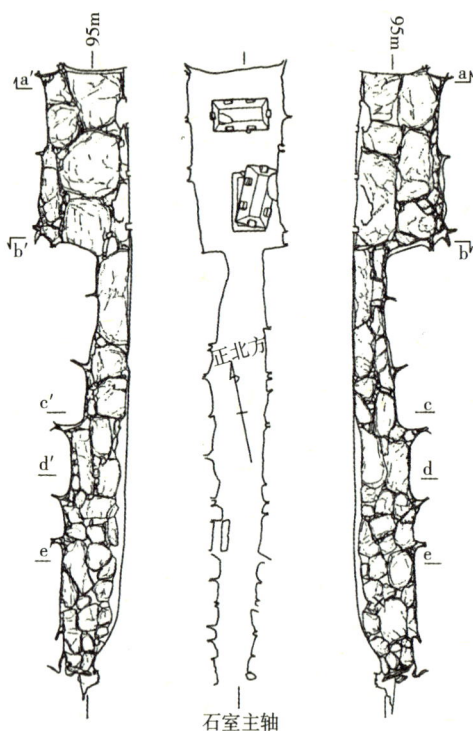

图 2-10　五条野丸山古坟平面图（摘自『書陵部紀要』）

记载。敏达即位后，命皇子与大臣传召暂居外交机构相乐
馆（山背国相乐郡）的高句丽使节，接受了他们的国书
和贡品。这里说的皇子应为敏达之子押坂彦人大兄，而大
臣无疑就是马子。

马子收下高句丽国书，交由负责处理文字的史（文
人）官解读，然而大和、河内的史官无人能读懂，最后

是百济移民、船史之祖①王辰尔进行了释读（敏达元年五月条）。《日本书纪》还记载，这份国书写在乌羽之上（书于乌羽），并将其解释为防止外交文书泄密的技术。②细节处且不论，此处应该将关注焦点放在由苏我氏负责外交这方面。

"嶋大臣"马子

苏我马子被称为"嶋大臣"，这一称呼由来见于马子卒传："大臣薨，仍葬于桃原墓。大臣则稻目宿弥之子也，性有武略亦有辩才，以恭敬三宝。家于飞鸟河之傍，乃庭中开小池，仍兴小嶋于池中，故时人曰嶋大臣。"（推古三十四年五月条）《日本书纪》编纂者对于人物的评价都倾向于正面评价。

根据卒传记载，马子"性有武略亦有辩才"，同时还虔诚信仰佛教。"飞鸟河之傍"应为今飞鸟川河畔。因其家中庭院池塘有"小嶋"，故被人唤作嶋大臣。由此还可以推断，靠近飞鸟川的明日香村岛庄可能就是马子宅邸。《万叶集》中也有诗句："嶋宫皇子地，放鸟入勾池。池

---

① 《日本书纪》记载："苏我大臣稻目宿弥，奉敕遣王辰尔，数录船赋。即以王辰尔为船长，因赐姓为船史。"（钦明十四年六月条）。

② 《日本书纪》记载："……书于乌羽。字，随羽黑，既无识者。辰尔，乃蒸羽于饭气，以帛印羽，悉写其字。"

鸟恋人目，从无潜水时"（嶋の宮勾の池の放ち鳥人目に恋ひて池に潜かず、170），"嶋宫池上鸟，池上任纵横。皇子虽云逝，殷勤莫远行。"（嶋の宮上の池なる放ち鳥荒びな行きそ君いまさずとも、172），等等。嶋宫（嶋の宫）是用马子宅邸改成的王宫，如诗文所述，里面有"勾池""上池"等数个池塘。

岛庄留有岛庄遗迹，已经进行过发掘调查。遗迹分为三个时期，第一期约为 7 世纪头二十五年，第二期为马子宅邸时期，相当于飞鸟河傍宅邸的一部分。这一时期的遗迹中发掘出了边长 42 米的方形水池，池边还建有宽 10 米的外堤。然而，这个池中并没有"小嶋"。方形水池建造时期与马子时期相符（亀田博『日韓古代宫都の研究』），却没有发现《日本书纪》中记载的"小嶋"，与史料不完全一致。然而，庭园本身亦可称为"嶋"，纵使池中没有"小嶋"，将马子称为"嶋大臣"亦无不妥（亀田博观点）。另外严格来说，那里尚未确定是马子宅邸，因此大可期待今后发掘调查的进展。

另外，马子卒后，马子宅邸由舒明天皇之母糠手姬（嶋皇祖母命）和吉备姬王（吉备嶋皇祖母命）入住，很快又被改为草壁皇子的"嶋宫"。因为这样的传承更替，岛庄遗迹又有了 7 世纪中期五十年间的舒明、皇极、齐明三朝时期（第二期）和最后二十五年的草壁皇子嶋宫时期（第三期）。上文引用《万叶集》中的诗歌便为草壁皇子所作。

被认为是马子居住地的场所另有石川宅（敏达十三年是岁条。若为石川精舍，则可能位于今橿原市石川町）和槻曲家（用明二年四月条，地点不详），但从马子被唤作嶋大臣这点来考虑，他多数时间应该居住在飞鸟河傍的宅邸中。

三 发展与掌权的时代

1 推古女帝的即位

额田部皇女立后

敏达四年（575）十一月，敏达皇后广姬去世。翌年三月，额田部皇女被立为新后。这是第一位出自苏我系的皇后。额田部皇女即位为推古天皇后曾说："今朕则自苏何（苏我）出之，大臣亦为朕舅也。故大臣之言，夜言矣夜不明，日言矣日不晚，何辞不用。"（推古三十二年十月条），明确了本人出自苏我家系的认知。

额田部皇女生下二男五女，但更让人关注的并非男孩，而是女孩。五女中菟道贝鮹皇女嫁与厩户皇子（圣德太子）、小垦田皇女嫁与押坂彦人大兄、田眼皇女嫁与息长足日广额天皇（舒明天皇）。厩户皇子为用明天皇长子，彦人大兄为敏达长子，舒明则是彦人大兄长子，三者皆是极有可能即位为天皇的男性。厩户与彦人都在皇子位上去世，最终成为天皇的只有舒明一人，但不得不说，他们确实是被精心挑选的配偶。

敏达六年（577），即额田部皇女立后翌年，朝廷设置"私部"①。在此之前，每一名后妃都配有冠以宫名的名代（比如春日山田皇女拥有春日部）。此时名代被取消，另外设置了侍奉整个后妃集团的部民，即为"私部"。各地私部均由相当于当地首领的私部首进行管理。这一制度的形成促使后妃地位逐渐稳定，同时应该也与后宫组织的规范相关联。设置私部后，后妃便逐步开始拥有与其地位相称的政治和经济实力。自推古而始，7 世纪还出现过皇极（齐明）、持统等女性天皇。这几位天皇皆为先帝后妃，可以想象其即位的背景便是私部的设立。

在敏达殡宫的争斗

敏达十四年（585）八月，敏达天皇病逝，朝廷很快设置了殡宫。"殡"指的是从人物死亡后到埋葬前于丧屋这一特殊建筑内举行的一系列丧葬仪式，而天皇的丧屋则被称为殡宫。天皇的殡宫仪式多持续一到两年。另外，同

---

①　日本古代后妃的私有部民。

苏我氏的兴亡

年九月用明天皇即位。

关于敏达的殡仪，《日本书纪·敏达天皇纪》中记载了两件值得关注的事情。一是马子和守屋在殡宫的哀悼举动。此处直接引用敏达十四年八月条的记述：

> 马子宿弥大臣，佩刀而诔。物部弓削守屋大连，听然而笑曰，如中猎箭之雀鸟焉。次弓削守屋大连，手脚摇震而诔。摇震，战栗也。马子宿弥大臣笑曰，可悬铃矣。由是，二臣微生怨恨。

这一时期的"诔"不仅仅是怀念故人的话语，而且是"各举己先祖等所仕状"（持统二年十一月条），也就是马子和守屋各自描述苏我氏与物部氏侍奉王权的情况。描述对天皇的侍奉并不只为表示忠诚，同时还为展示自身氏族与王权的关系，可以理解为对敏达死后政治状况的意向宣言。不管怎么说，苏我氏先于物部氏进行哀悼，暗示着苏我氏的力量在当时已经超过了物部氏。

从引用部分可知，苏我氏与物部氏在表示哀悼时使用了不同方法，体现了各自的氏族特征。马子被嘲笑为"如中猎箭之雀鸟"，守屋则因摇震手脚表示哀悼而被嘲笑为"可悬铃矣"。想必由于彼此动作都很滑稽，才有了互相嘲笑之举。从马子被嘲"如雀鸟"这一细节还可猜测，他是一个身材较为矮小的人。

在此之前，马子与守屋之妹已经结婚（皇极二年十月条），两人之间也曾有过一段和睦时期。根据《日本书纪》记载，那场哀悼的结果就是两人之间产生了"怨恨"，但或许可以认为，两人早已积聚在心中的对立情绪，通过那次哀悼公开化了。

另有一事便是穴穗部皇子在殡宫的言行。事情经过在敏达十四年八月条有详述，此处直接引用如下：

> 三轮君逆，使隼人相距于殡庭。穴穗部皇子欲取天下，发愤称曰："何故事死王之庭，弗事生王之所也。"

穴穗部皇子为钦明与小姊君（马子之妹）所生，从其弟泊濑部皇子后来即位为天皇（崇峻）可以推断，他也是极有希望的皇位候选人。然而他似乎无视了群臣推举这一步骤，企图直接即位。敏达十四年条称其"欲取天下"，而用明元年五月条则说他试图闯入殡宫霸占敏达皇后（后推古天皇）。或许他认为可以通过与敏达皇后发生性关系，再由皇后拥戴实现即位。

可是他的行动被看守殡宫的三轮逆等人阻止了。为此，穴穗部皇子可能派与他串通的守屋斩杀了三轮逆。三轮逆深受敏达宠爱，敏达皇后与马子因此记恨穴穗部皇子。无须明言，马子也因为这件事对守屋产生了敌意。

物部氏的灭亡

敏达死后即位的用明天皇是钦明与苏我稻目之女坚盐媛的长子大兄皇子（参见图 2-7），也是第一位出自苏我家系的天皇。对马子而言，他心中一定充满了父亲目的终于达成的感慨。

苏我氏与物部氏、中臣氏关于接纳佛教的斗争一直持续到用明朝。这一斗争不单纯是对于是否接纳佛教的宗教对立，其本质其实是开明派苏我氏与守旧派物部氏的政治对立。

如上文所述（本书第 90 页），用明二年（587），用明在患病之际历问群臣是否该皈依佛门。面对这一询问，马子表示了赞成，然而物部守屋和中臣胜海则表示反对。后来守屋察觉苏我氏有所动作，便退守位于河内阿都的另一处住所（今大阪府八尾市迹部）召集人手。胜海调集兵力加入守屋一方，甚至不惜对太子彦人大兄与竹田皇子施以诅咒。

彦人大兄是敏达第一位皇后广姬之子，竹田皇子则是第二位皇后额田部皇女之子。两人都被认为是极有希望的王位继承人，故守屋预谋将其铲除。然而事与愿违，中臣胜海后来又转投了彦人大兄阵营。但从结果上说，胜海杀害了大兄的舍人①。在这一系列事情之后，苏我氏与物部氏最终形成了武装对立的局面。

用明卒后，又发生了穴穗部皇子（钦明之子）和宅部皇子（宣化之子）惨遭诛杀的事情。其开端在于群臣迟迟无法定夺下一任天皇人选。物部守屋试图让穴穗部皇子即位，马子得知这一消息后，奉敏达皇后额田部皇女之名诛杀穴穗部与宅部。一个月后，马子又以泊濑部皇子、竹田皇子、厩户皇子等人的名义与物部氏开战，最终杀死守屋。至此，物部氏本宗宣告灭亡。

在这场战争中，厩户皇子造四天王像，发誓胜利之日必将建佛塔供奉。另外，马子也宣誓"凡诸天王、大神王等，助卫于我使获利益，愿当奉为诸天与大神王，起立寺塔流通三宝"（崇峻即位前纪）。在《日本书纪》的记载中，厩户传记里提到了四天王寺起源，马子传记里提到了飞鸟寺（法号为法兴寺）起源，两寺由来应无不妥。

飞鸟寺的建立

飞鸟寺从崇峻元年（588）开始修建，是日本第一座真正的佛教寺院。为支持寺院建立，百济送来了僧、佛舍利，以及寺工（修建寺院的技工）、炉盘博士（塔刹技工）、瓦

---

① 侍奉皇族和贵族，负责其身边事务和警戒的贴身侍从。

苏我氏的兴亡

博士（瓦技工）、画工（佛画、佛具的装饰技工），等等（崇峻元年是岁条）。源自百济的各类技术人员为飞鸟寺修建做出了极大贡献。不仅在技术层面，马子还召集百济僧侣求教了受戒方法。此外，他还任命善信尼为百济国使，将其派往百济学习佛法。如此一来，到崇峻五年（592），佛堂与回廊修建完成；推古元年（593）将佛舍利请入塔心建立心柱，推古四年（596），佛塔修建完成。

然而，飞鸟寺的伽蓝布局却并非百济式，而是塔周环绕三金堂（东金堂、中金堂、西金堂）并围以回廊的形式。这一布局与朝鲜半岛高句丽的清岩里废寺（今平壤市）有些相似。四天王寺沿用的百济伽蓝布局为一塔一金堂的形式，与飞鸟寺伽蓝不同（图3-1上图）。另外，从百济、扶余的王兴寺出土的舍利容器刻有"丁酉年"（577）铭文，与飞鸟寺修建时间比较接近，其关系值得注意。两寺皆有木塔，塔心位于地下，皆埋有舍利庄严具①。但是飞鸟寺的庄严具中还包含马具和武具，沿袭了古坟祭祀的形式，这里也体现出了飞鸟寺的独特之处（鈴木靖民編『古代東アジアの仏教と王権』）。

现在的飞鸟寺（安居院）建立在旧中金堂位置上，修建时在石基上放置了临时底座，用以安放飞鸟大佛。然

---

① 盛装舍利的供养器具。

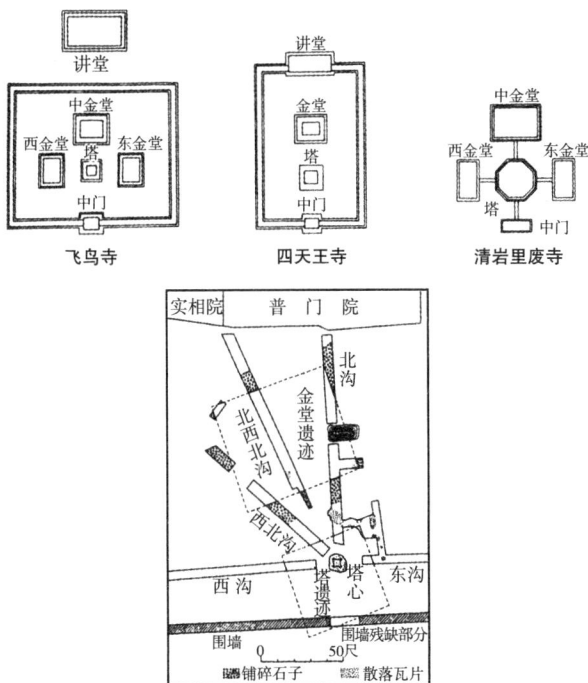

图 3－1 （上）飞鸟寺、四天王寺、清岩里废寺（高句丽）的
伽蓝布局；（下）斑鸠寺（若草伽蓝遗迹）发掘结构图

而，现在残留的仅有当时头部的眼睛与额头等部分。飞鸟寺为僧寺，尼寺为丰浦寺。

另外，普遍认为厩户皇子修建的斑鸠寺（法号为法隆寺）是在厩户搬迁到斑鸠宫的推古十三年（605）前后开工的（大胁潔「聖徳太子関係の遺跡と遺物」）。斑鸠之地位于矢田丘陵南端，通过"筋违道（太子道）"这条斜行道路与飞鸟寺相连（图3－2）。斑鸠寺遗址并不在今天的法隆寺（西院伽蓝），而是位于东南方向的若草伽蓝（现在残留有塔心）（图3－1下图）。寺院采用金堂与塔纵向排列的四天王寺式伽蓝布局，与斑鸠宫一同修建。但是，斑鸠寺于天智九年（670）毁于火灾，现在的法隆寺为重建的寺院，伽蓝布局与创建时不同，不再是四天王寺

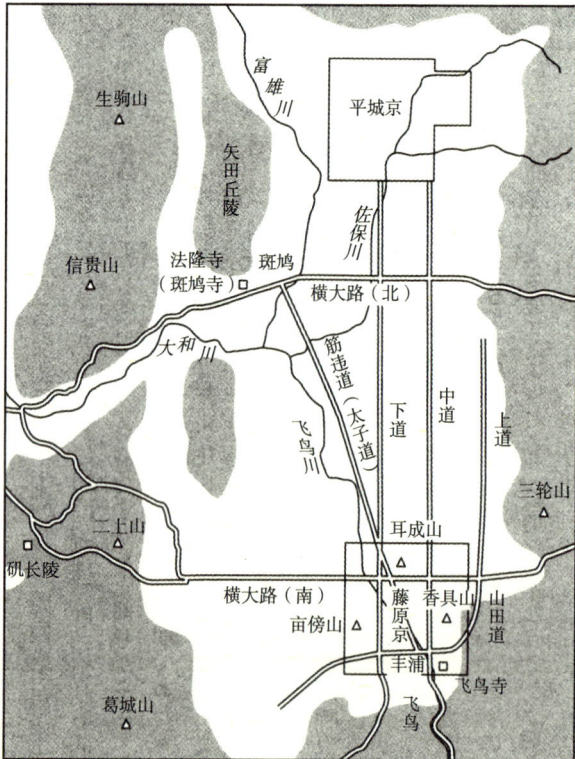

图3－2　斑鸠附近地图

式，而改用了法隆寺式这一新布局。

此外，厩户皇子还兑现了与物部争斗时许下的承诺，修建了四天王寺。发掘结果表明，四天王寺的瓦片比飞鸟寺和斑鸠寺时期更晚，其金堂也是在斑鸠寺金堂修建告一段落后开始建造的。也就是说，三座寺院的建立顺序为先有飞鸟寺、斑鸠寺，最后是四天王寺。这三座寺院的轩丸瓦由同一种瓦范（造瓦用的模具）制造而成，它们的修建顺序受到了自百济而来的技工的影响。就这样，苏我氏与厩户王子不仅在政治领域，同时也在寺院建设上形成了紧密的合作关系。

暗杀崇峻天皇

用明天皇的统治时间只有两年，经过一场最终导致物部本宗灭亡的争斗后，下一任天皇是用明的弟弟崇峻。《日本书纪》记载，崇峻天皇受到了额田部皇女与群臣的推举。而在此之前，敏达、用明的即位都没有提到皇后推举，因此可以推断，崇峻的即位需要得到额田部皇女的支持。

崇峻天皇即位后，马子再任大臣，但朝廷最终没有再立大连。至此，大臣 - 大连制正式消亡，从此只存在大臣任命。相传崇峻在仓梯（或为今樱井市仓桥）设立王宫，但并未发现遗址，详情并不可知。崇峻天皇并没有引人注

苏我氏的兴亡

目的国内政治举动，另根据《日本书纪》记载，他对外展开伽耶复兴行动，向筑紫派遣了两万余人的军队。

相传在此期间，崇峻做出了疏远大臣马子的发言。根据《日本书纪》崇峻五年十月条记载，在供奉山猪之日，崇峻指着山猪说："何时，如断此猪之颈断朕所嫌之人。"此话辗转传入马子耳中，马子"恐嫌于己"，便召集一族成员图谋暗杀崇峻。随后他诈称"今日，进东国之调"，安排了东国进贡大典，而按照惯例，天皇作为东国统治者应该参加这种仪式。

所谓"东国之调"，诞生于大和王权与东国之间特殊的政治从属关系，东国为表示从属，会向大和王权贡"调"。与这种"调"同类的还有"三韩之调"（三韩为百济、新罗、高句丽，以进贡表示对倭国的从属关系）。后来大化改新时针对苏我入鹿的暗杀，就发生在天皇与大臣参加的"三韩之调"纳贡仪式上（皇极四年六月条，后述）。

这个东国之调在《万叶集》中被记为"东人之荷向（纳贡）"（東人之荷向，100），此时贡品可以推断是信浓的"麻布"。此外还有"东细布"（東細布，2647）这种细布（用细纱线织成的上等布料），应该也是东国之调的一部分。奈良平安时代东国纳贡的细布沿袭了东国之调的传统，用作天皇即位典礼践祚大尝祭物品，以及献给唐朝皇帝的贡品。

在进贡东国之调时，马子令手下东汉驹杀死了崇峻。在此之前，与安康天皇有杀父之仇的眉轮王也对安康实施了刺杀（雄略即位前纪）。这虽然是第二次针对天皇的刺杀，崇峻之死却发生在白天的典礼现场。如此明目张胆的天皇刺杀行为，可谓前无古人，后无来者。

暗杀崇峻时，马子以"恐嫌于己"为动机。因此，马子是因为猜疑心过重而杀害了崇峻天皇。崇峻是钦明与小姊君（马子之妹）所生之子，乃苏我家系的天皇。然而，当时马子已经将女儿刀自古郎女嫁给了厩户皇子，又将法提郎媛嫁给了田村皇子（后来的舒明天皇）。崇峻虽为马子亲族，其中或许也涉及了不同于直系子孙的利害关系。

群臣与新帝即位

暗杀崇峻这一政治事件发生后，历史又将如何发展？继体之后有两种皇位继承制度：（1）以兄弟继承为基础；（2）同时也存在大兄制①。这两种制度基本属于并行关系。大兄是天皇及有望成为"天皇"之人的长子（井上光贞『天皇と古代王権』）。与（2）相关的最早的大兄，

————————

① 皇太子制出现之前，与兄弟继承体系并行的父子继承制度。

是继体天皇长子勾大兄（后来的安闲天皇）。那么，天皇之位的继承究竟如何进行？此处将进行着重说明。

过去日本列岛不存在禅让制，在大化改新之前，一直都是终身王位制。天皇去世后，由群臣推举下一任天皇（新帝）。新帝即位必须经过群臣推举这一步骤。一旦群臣统一了意见，就会向新帝候选人献上象征王位的宝器，新帝因此得以即位。新帝即位后，又会对群臣进行再任或新任（拙著『日本古代の社会と国家』）。

由于这种天皇更替与群臣任命的关系，不得不认为，群臣与天皇的人格、身份关系都十分紧密。可是，律令制下的天皇更替与官人地位并无关系，其原理截然不同。大化改新之前的天皇与群臣之间的关系，尚未变成以机构、制度为媒介的社会性关系。

推古女帝的即位

在这种皇位继承系统之下，接替崇峻即位的是先帝皇后——额田部皇女。她是日本历史上第一位女性天皇。那么，大和王权为何会出现第一位女帝呢？

首先应该强调马子暗杀崇峻这一事实的重要性，最终群臣又在马子的主导之下选出新帝。其次则是皇位继承人的问题。钦明的子辈已经有敏达、用明、崇峻即位并死亡，不再存在适当的男性人选。

为此，最有希望的继承人就成了钦明孙辈的三名男子（图3-3）。他们分别是敏达与广姬所生太子彦人大兄、敏达与第二位皇后额田部皇女所生竹田皇子、用明与钦明之女所生长子厩户皇子。然而，这三人年龄均在二十岁前后，从当时的适龄期（三十五岁到四十岁）来看，全都过于年轻，不适合继承皇位。

于是，在暗杀天皇这一政治危机中，由苏我氏主导选出的新帝人选，就成了马子的侄女额田部皇女，也就是后来的推古女帝。她身为敏达的皇后，在当时已经具有一定政治影响力，在崇峻即位时也与群臣一道推举了崇峻。想必这些政治经验和政绩都被纳入了考量范围。

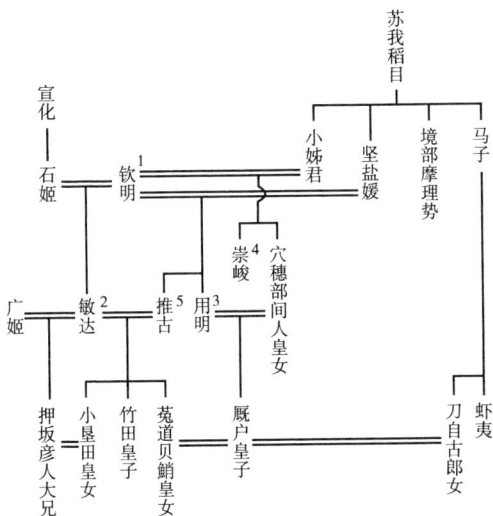

图3-3　推古天皇周边谱系（数字为即位顺序）

苏我氏的兴亡

推古之前也曾有过推举女帝的先例。宣化卒后，安闲皇后春日山田皇女一度被请求即位。根据《日本书纪》记载，这一要求源于钦明尚处"幼年"，然而如上文所述，当时钦明已经三十一岁，远远超出现代人对"幼年"的认知，只是那个年龄在那个时代或许还是相对年轻了。

推古即位后，立用明之子厩户皇子为太子。这里的"立太子"应该就意味着该人将来极有可能即位为天皇。那个时代尚不存在"皇太子"一词，只使用"太子"二字。中国史书《隋书》中有"太子号利（或为'和'）歌弥多弗利"的记述，"太子"被读作了"和歌弥多弗利"（wakamitafuri）。

2 苏我马子在推古朝的活跃

推古朝的政事——马子与厩户皇子

如上文所述，推古朝的政治体制记载在《上宫圣德法王帝说》中："小治田宫御宇天皇（推古天皇）之世，上宫厩户丰聪耳命（厩户皇子）、嶋大臣（苏我马子）共辅天下政而兴隆三宝，起元兴天四皇等寺，制爵十二级。"在推古女帝统治下，厩户皇子与马子共同辅佐政事。然而《上宫圣德法王帝说》带有一定传记性质，因此对于其关于厩户皇子活动的记载，应以更为保守的眼光来看待。

推古以丰浦宫与小垦田宫［推古十一年（603）迁都］为王宫，如上文所述（本书第86页），两地皆有稻目宅邸，乃苏我氏大本营所在地。丰浦宫还有可能直接使用了苏我稻目宅邸的一部分，更显示了推古与苏我氏的密切关系。由此可见，苏我氏对推古天皇的影响力十分强大。

《上宫圣德法王帝说》记载的"爵十二级"，就是如今我们说的冠位十二阶制度。"德、仁、礼、信、义、智"六个项目下各有"大、小"两级，共十二阶。该制度在迁宫至小垦田宫那一年制定，《隋书》中也记有"内官有十二等"，可见大和王权制定的官制已为隋朝所知。相对于只看本人所属氏族地位高低的传统评价方法，冠位十二阶制是一个将政治地位与个人政绩结合起来考量的制度。

然而，从授予冠位的实际例子来看，除皇祖之外，苏我氏，尤其是接近苏我本宗的人物都未获得授予。不仅如此，虾夷之子入鹿还被私下授予了"紫冠"，拟大臣位（皇极二年十月条）。也就是说，苏我氏在天皇授予的冠位之外，另外获得了特殊冠位。如此一来，苏我氏就成了超越冠位十二阶制的氏族，反倒站在了授予冠位的立场上。

冠位虽然只授予畿内及周边氏族，但与推古朝展开国际交流和官司制在一定程度上的发展有所关联。只是，目前尚未发现记录官司制详细内容的史料，只在《日本书纪》中可见"马官"（推古元年条）、"寺司"（推古四年条），以及法隆寺释迦三尊像基座铭文所记之"尻官"。"马官""寺司"或许分别与交通制度和推古朝寺院、僧尼管理等职责相关。此外，虽然史料依据不够充分，但还可见推测与仓、藏有关的"大椋官"（『新撰姓氏録』左京神别上）、"前事奏官"和"祭官"（「中臣氏本系帳」）等。这些官司的实际政绩，有可能与个人评价相关联。

另外，还可推测冠位十二阶制与宪法十七条存在关联。推古十二年（604）制定的宪法中，有"笃敬三宝，三宝者佛法僧也"（第二条）的条款，说明当时日本已皈依佛教，但也强调了"礼""仁""信""智"等儒教道德。这些都与冠位十二阶的"德、仁、礼、信、义、智"有关。另外，宪法还有"诸任官者，同知掌管"（第十三条），这里也将重点放在了"官司"上。这部宪法提出了"君（王）""臣（群卿百寮、官人）""民（百姓）"这三个阶级间的关系和规范。

《日本书纪》记载，宪法为厩户皇子独自制定，若事实果真如此，则意味着苏我氏没有参与其中。"国非二君，民无二主，率土兆民，以王为主"（第十二条）的条款强调了"王的绝对性"，原理上与苏我氏的存在并不相容。若宪法确为厩户皇子所编，想必也与这些事实相关。但是，苏我氏居于冠位十二阶的组织框架之外，是天皇的外戚氏族，因此或许并不会成为问题。

另外，马子这个称呼中的"子"，与孔子、孙子同为尊称。因此其真正名称实为"马"。与此同时，厩户皇子带有"厩"字，厩户之女又名为"马屋古女王"，他们名字中相通的"马"也值得关注。

推古朝进行的这些改革，应该受到了来自中国隋朝的极大影响。《日本书纪》虽未记载 600 年的遣隋使，《隋书》中却引用了倭国使者之言："倭王以天为兄，以日为弟，天未明时出听政，跏趺坐，日出便停理务，云委我弟。"另记载了隋文帝的意见："此太无义理。"隋文帝这句话给当时的倭国政治体制带来了重大影响。

引进佛法

《日本书纪》记载，推古天皇决定全面接纳佛教："诏皇太子及大臣令兴隆三宝。是时，诸臣连等各为君亲之恩竞造佛舍，即是谓寺焉。"（推古二年二月条）上文已经讲到，《大化僧尼诏》肯定了马子在敏达朝和推古朝为推进日本列岛佛教兴隆做出的贡献（本书第 3～4 页）。

苏我氏的兴亡

但是在上文引用的推古二年二月条中，还记载了将佛舍称为"寺"的内容。直至今日，日语都将佛教设施称为"寺"，而"寺"这个汉字的本来意义其实是"官厅"。然而，《日本书纪》始终将其作为佛教设施用语，唯一与之不同的只有隋炀帝御书及献给隋炀帝的国书中记载的官厅名称"鸿胪寺"。鸿胪寺是负责接待外国使节的政府部门。可以认为，将"寺"字限定为专指佛教相关机构的历史，起源于推古二年二月条。另外，诏中还提到"为君亲之恩"，可见各个氏族是为了"君亲"（日本古典文学大系本頭注）即天皇而修建寺院的。

那么，推古朝究竟修建了多少寺院呢？《日本书纪》推古三十二年（624）九月条记录了寺院与僧尼数的统计结果："寺卌六所、僧八百十六人、尼五百六十九人并一千三百八十五人。"镰仓时代的《圣德太子传私记》（显真于1239年编撰）中记载，这四十六所寺院皆为厩户皇子所建。然而厩户皇子的时代，也就是7世纪上半叶之前修建的寺院约有十五所（大脇潔「聖德太子関係の遺跡と遺物」）。顺带一提，天武九年（680）五月条中记有"京内二十四寺"，也就是倭京境内有二十四座寺院。由于这个寺院数可以确定（花谷浩「京内廿四寺について」），所以四十六寺恐怕是《日本书纪》编撰时相传于推古朝时所建的寺院数量了。

再看下一个舒明朝，可见"今年，造作大宫及大寺""则以百济川侧为宫处"的记载（舒明十一年七月条）。这里将天皇入主的王宫大宫（百济宫）与大寺（百济大寺）一起进行修建。百济宫位置尚不明确，百济大寺则极有可能是吉备池废寺（见本书第 129 页）。

如此一来，倭国自推古朝以后，就开始了"王法与佛法"的双重治国手段，各个氏族也开始竞相修建氏寺。其中，苏我氏在积极引进佛教方面起到了非常大的作用。

女帝与马子的关系

在推古女帝统治下，马子与厩户共辅政事。那么，马子与推古究竟建立起了怎样的关系？

上文已经提到，马子曾向推古求赐自己的出生地葛城县为领地，但遭到了拒绝（见本书第 41 ~ 42 页）。但是两人之间不一定存在矛盾，因为在《日本书纪》关于这一请求的记载之前，还收录了下文这首和歌。

正月初七在中国被称为"人日"，"按照中国传统习俗，正月初七为占人之日。在日本则有食七草粥驱邪的习惯"。（『年中行事大辞典』）暂且不论是否与这个日子相关，推古二十年正月初七召开了一场宴请群臣饮酒歌舞的宴会。那天，大臣马子献上酒杯，并咏和歌一首（推古二十年正月条）。

　　吾皇居大殿，巍峨出天云。愿续千世统，如斯万代传。伏惟常敬奉，作歌以献君。

推古返歌一首（日本古典文学大系本）。

　　苏我之子嗣，聪慧异常人。千里日向马，真刀吴国刃。使尔事大君，实为正道也。

　　马子的和歌是"将宏伟宫殿作为伟大皇统象征的抽象赞辞"，毫不掩饰精诚誓约之言，被认为是新的宫廷寿歌（土橋寬『古代歌謡全注釈　日本書紀編』）。另一方面，女帝的和歌则是礼赞苏我氏之歌，而且还以马子之"马"作为主题。遗憾的是，"日向马"意义尚不明确，但从它与名刀"吴国真刀"的并列关系来看，恐怕也是最高等级的赞誉。

　　从推古以苏我氏赞歌回应马子和歌这一事实来看，马子的和歌至少是大化改新以前的作品。推古是马子之妹的女儿，因此不得不说，推古天皇与苏我氏的关系异常良好。即使在《日本书纪》中，关于马子的描写也与后来对虾夷和入鹿专横跋扈的描写截然不同，让人很难感觉到推古朝是暗杀天皇之后形成的政权，也难以窥见任何政治上的紧张感。

马子之死

马子卒于推古三十四年（626）。《日本书纪》记载："大臣薨，仍葬于桃原墓。"《扶桑略记》称马子享年七十六岁。若这一年龄正确，则马子出生于钦明十二年（551），在敏达朝被封为大臣时，他只有二十二岁。根据后世律令《丧葬令》，"薨"字仅可用于亲王与三位以上官员（薨奏条）。马子身为大臣，自然符合使用规则。

关于桃原地名，《日本书纪》中有"上桃原、下桃原"之记载（雄略七年条），现在那个地名已经不复存在。自喜田贞吉提出假说后，人们普遍将桃原墓推定为石舞台古坟，并将其周边推定为桃原。但这一说法并没有确切依据。

石舞台古坟（明日香村岛庄，图 3 – 4）的封土已经被削去，露出了横穴式石室。此处是许多人参观飞鸟之地时第一个造访的地方，可以从中领略苏我马子的权力实态。横穴式石室全长 19.08 米（玄室长 7.57 米，羡道长 11.51 米），为日本古代最大规模。玄室宽 3.48 米，高达 4.7 米。内壁的天上石长 5.2 米，宽 4.3 米，高 1.9 米，重达 77 吨（『続　明日香村史』）。这块天上石便是古坟名称"石舞台"的来源。石室内部早有盗掘痕迹，只发

现了须惠器等物品碎片。可以推测，原本的古坟为边长
50米的方形坟。

图3-4　石舞台古坟

《日本书纪·推古天皇纪》并未记载马子死后其子虾
夷的情况。但是，在舒明即位前纪中，推古三十六年
（628）九月推古天皇葬礼结束后，马子之子虾夷便以大
臣身份登场了。

至于虾夷之子入鹿，《日本书纪》在虾夷再任大臣的
记述之后，还记载了"大臣儿入鹿，自执国政，威胜于
父"［皇极元年（642）正月条］。另有"苏我大臣虾夷，
缘病不朝，私授紫冠于子入鹿，拟大臣位"（皇极二年十
月条）的记述，透露了父子二人无视天皇权限的专横无
度。如此这般，关于虾夷的记述非常稀少，但可以推测马

子死后，推古任命虾夷为大臣。尽管可信度不高，但《扶桑略记》中亦有记载称，在马子去世的推古三十四年（626），虾夷被任命为大臣。

舒明天皇的即位

马子去世两年后，即推古三十六年（628），卧病在床的推古唤来田村皇子（后来的舒明天皇）与山背大兄（厩户皇子之子），留下遗言。《日本书纪》推古天皇纪与舒明天皇纪中记载了好几种遗言，各有细微不同。

推古给田村皇子留下遗言："升天位而经纶鸿基、驭万机以亨育黎元，本非辄言，恒之所重。故，汝慎以察之，不可轻言。"（登天子之位治理大业、统天下政事厚养百姓，本非容易之事，须持之以恒。因此你凡事要慎重考虑，不可轻言。）她又给山背大兄留下遗言："汝肝稚之。若虽心望，而勿喧言。必待群言以宣从。"（你心智尚未成熟，纵使心有所想，亦不可贸然出言。凡事必待群臣发言后附议。）（推古三十六年三月条）亦有记载表明，推古给田村皇子的遗言前半部分为："天下大任，本非辄言，尔田村皇子，慎以察之，不可缓。"（天下大任本非容易之事，你田村皇子须慎以察之，不可懈怠。）（舒明即位前纪）

若重点审视"天下大任""不可缓"这些措辞，亦可将其理解为对田村皇子即位做出的指示。事实上，在

苏我氏的兴亡

推古留下这些遗言后，大伴连鲸出言支持，[①] 采女臣摩礼志、高向臣宇摩、中臣连弥气、难波吉士身刺都表示赞同。但是，许势臣大麻吕、佐伯连东人、纪臣盐手三人则推举了山背大兄，苏我仓麻吕并未表明意见。此外，苏我一族中，马子之弟（境部）摩理势也推举了山背大兄。

因为新天皇须由群臣推举产生，推古并未决定继任者，只留下了含糊其词的遗言。若直接理解这番遗言，推古意中的继任者应该只有舒明。但是群臣中有三人推举山背大兄，亦有可能对天皇遗命提出异议。不管怎么说，新帝即位都需要经过群臣审议决定。

推古死后，摩理势被杀，虾夷等群臣向田村皇子献上了宝器。舒明天皇正式即位。翌年即舒明二年（630），宝皇女立后，即后来的皇极女帝。而她并非出自苏我家系的女性。舒明与宝皇女生下葛城皇子（后来的天智天皇）、间人皇女（孝德皇后）、大海人皇子（后来的天武天皇）。

舒明在飞鸟冈旁边建冈本宫入住。人们推测此冈是今明日香村冈寺到飞鸟坐神社附近的山冈，冈本宫就建于其山麓（今明日香村冈）。自飞鸟冈本宫始，除孝德天皇的

---

① 大伴连鲸进曰："即随天皇遗命耳。更不可待群言。"（舒明即位前纪）

难波宫（前期难波宫）外，后来又出现了飞鸟板盖宫、后飞鸟冈本宫、飞鸟净御原宫等一系列位于飞鸟的王宫（图 3 - 5），可谓不折不扣的飞鸟王宫时代。

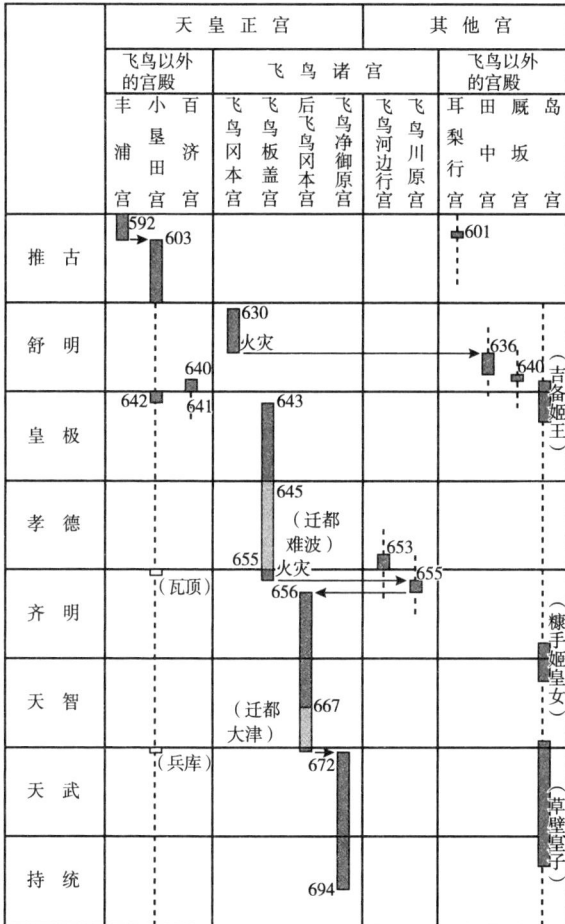

	天　皇　正　宫			其　他　宫	
	飞鸟以外的宫殿	飞　鸟　诸　宫		飞鸟以外的宫殿	
	丰浦宫　小垦田宫　百济宫	飞鸟冈本宫　飞鸟板盖宫　后飞鸟冈本宫　飞鸟净御原宫	飞鸟河边行宫　飞鸟川原宫	耳梨行宫　田中宫　厩坂宫　岛宫	
推　古	592 → 603			601	
舒　明	640	630 火灾 →		636　640	（吉备姬王）
皇　极	642　641	643			
孝　德	（瓦顶）	645（迁都难波）655 火灾	653　655		
齐　明		656 ←			（橡手姬皇女）
天　智		（迁都大津）667			
天　武	（兵库）	672			（草壁皇子）
持　统		694			

图 3 - 5　宫都变迁

经调查发现，曾相传为飞鸟板盖宫遗迹的飞鸟宫遗迹共存在三期王宫。Ⅰ期为飞鸟冈本宫，Ⅱ期为飞鸟板盖宫，Ⅲ期为后飞鸟冈本宫（A 期）及飞鸟净御原宫（B 期）（『飛鳥京跡』Ⅲ）。飞鸟冈本宫是第一座建于飞鸟的王宫，在王宫史上有着划时代的意义。

3 飞鸟之地与虾夷、入鹿

苏我氏与飞鸟诸王宫

此处重新对充当了苏我氏掌权时代舞台的"飞鸟"进行思考（图 3 - 6）。首先这个飞鸟究竟是指何地？以前学界曾推断其位于香具山南麓到橘寺北部这片地区。然而若遵照这一说法，飞鸟寺就基本位于飞鸟的中心位置。无论苏我氏强大到何种程度，也很难想象马子专横到将寺院建在地区中央的地步。最近较为可信的说法是：飞鸟寺北部应为小垦田地区，而橘寺以北到飞鸟寺这块区域则为"飞鸟"。这样一来，飞鸟寺就位于飞鸟北部边缘地带。

那么，王宫为何会选在飞鸟之地呢？解答的关键就在最初定都飞鸟的舒明天皇。有趣的是，《古事记》结束于舒明之前的推古朝，由此可以推测，当时人们一定经历了某种划时代的事件。舒明属于推古的孙辈。

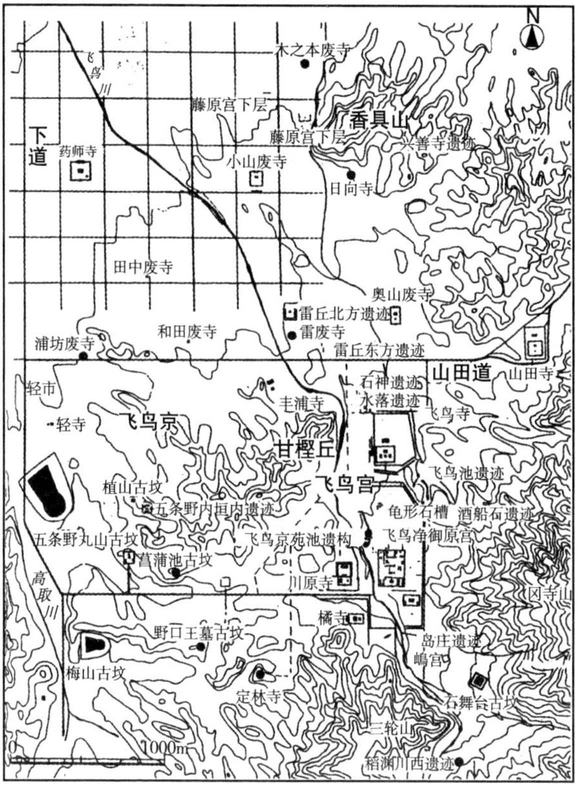

图 3-6 飞鸟地区地图

如上文所述，推古先后将王宫建于丰浦和小垦田，那里是苏我稻目的居所，皆是与苏我氏关系深厚的土地。然而在推古死后即位的舒明，虽然任命虾夷为大臣，实际却是非苏我家系的天皇。尽管如此，他已经与马子之女法提郎媛结合，生下了古人大兄。苏我氏有可能打算推举这位古人大兄为下任天皇。后来虾夷之子入鹿也图谋"将废上宫王等，而立古人大兄为天皇"（皇极二年十月条）。

另一方面，虾夷叔父摩理势公开支持了被舒明挫败的山背大兄。在这种可谓扭曲的政治情势之下，王宫都选在了飞鸟之地。这背后究竟包含了什么原因呢？

马子宅邸有"石川宅"（或为今橿原市石川町）、"槻曲家"（不详）和"飞鸟河傍家"（或为今明日香村岛庄）。其子虾夷则拥有丰浦、亩傍（亩傍山东家）、甘橿冈（今甘樫丘，上宫门）。由此可见，苏我氏拥有数处宅邸，皆位于飞鸟及其周边地区。入鹿也在甘橿冈虾夷宅邸旁修建了"谷宫门"。奈良文化遗产研究所（奈文研）组织发掘的甘樫丘东麓遗迹中，极有可能包含了部分谷宫门遗迹。谷宫门横跨飞鸟川，位于飞鸟西部。此外，上宫门虽然位置不详，但从"上"与"谷"的对比来看，可能位于丘陵之上。尽管臆想为学术之大忌，但可以推断，上宫门可能位于俯瞰飞鸟的位置。

同时，马子修建的飞鸟寺又矗立于飞鸟北部。东南方向有飞鸟河傍家，细川沿岸又有石舞台古坟。如此看来，飞鸟之地明显是苏我氏势力集中的地区。

舒明天皇于舒明元年（629）即位，翌年十月迁至飞鸟冈本宫。这恐怕是顺应了苏我氏意向的选择。门胁祯二提出，除苏我氏的影响力之外，"军事重地"也是选址条件之一（『新版　飛鳥』）。在此意义上说，飞鸟冈本宫也有可能是在苏我氏的意愿之下修建的（相原嘉之「蘇我三代の遺跡を掘る」）。

与此同时，山背大兄继承了斑鸠的上宫王家。两地相隔二十余公里，想必前往飞鸟充满了困难。

派出遣唐使

日本在舒明朝第一次派出遣唐使。此处且回顾一下这一时期的中国朝代更替。

首先在上一代推古朝，推古天皇派出遣隋使。隋炀帝在建设洛阳城的同时开凿大运河，沟通南北水道，开创了重要的交通大动脉。同时，隋朝还积极与周边各国进行外交，更数次远征朝鲜半岛北部的高句丽。在此期间，各地叛乱频发，618 年，隋炀帝遭亲卫队暗杀，隋朝宣告灭亡。随后李渊建立唐朝。626 年，李渊次子李世民即位，即唐太宗。628 年，中国统一，因彼时正是贞观年间（627～649 年），号称"贞观之治"，朝廷完善律令法制，使中国迎来了政治、经济、军事稳定发展的时期。

这段时期的中国政治动向也传到了倭国。《日本书纪》记载了高句丽使节带来的消息："隋炀帝兴卅万众攻我，返之为我所破。"（推古二十六年八月条）此外，推古三十一年（623），自唐而返的药师惠日等人又上奏称：

苏我氏的兴亡

"大唐国者法式备定之珍国也，常须达。"如此一来，中国政局的变动便为倭国所知。

到了舒明二年（630），舒明天皇任命大仁的犬上君三田锹与惠日为遣唐使。三田锹已在推古二十二年（614）以遣隋使身份到过隋朝，并于翌年归国。惠日也有渡海航行经验，相当于专门的外交官员。两年后的舒明四年（632），三田锹同唐使高表仁及学问僧等人一起归国。高表仁入国之际，日本朝廷命大伴马养（马饲）率船三十二艘，备鼓、吹、旗帜，到难波津"闻天子所命之使到于天皇朝，迎之"（舒明四年十月条）。

不知为何，《日本书纪》中并未记载舒明朝廷接见高表仁一行的经过。不过《旧唐书》记载道："表仁无绥远之才，与王子争礼，不宣朝命而还。"[①] 可见高表仁并未受到舒明接见，其原因在于他与负责跟唐使交涉的王子发生了争端。于是，高表仁于翌年正月返回大唐。

舒明天皇与苏我虾夷

《日本书纪·舒明天皇纪》中关于日本国内政治情况的记载虽然不多，但可以认为，遣唐归国的留学生们掌握了唐作为一个法治国家的实质，使日本国内兴起了一股革

① 摘自《旧唐书·东夷传》。

新潮流。"今年，造作大宫（百济宫）及大寺（百济大寺）"（舒明十一年七月条），这种王法、佛法政策想必也与舒明朝的改革形势不无关系。

百济宫建造于飞鸟以北。舒明天皇虽听从苏我氏的意思在飞鸟建都，此时却选择了离开飞鸟。这或许意味着他表明了新的政治意向。而且舒明虽然延续了推古朝的佛教兴隆政策，却策划了王宫与寺院成套修建的计划。想必，他是想通过王法以及佛法实现统治。

文中提到的百济大寺极有可能是吉备池废寺（今樱井市吉备附近）（图3-7）。百济大寺建有九重塔（舒明十一年十二月是月条），根据吉备池废寺的佛塔遗迹判断，其塔基边长可能为32米上下，规模远远超过了边长

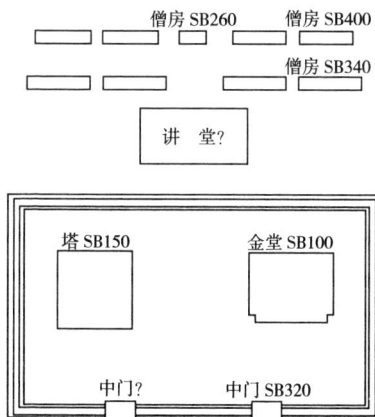

图3-7 吉备池废寺（数字为遗迹编号）

23.8 米的东大寺七重塔。另外，该塔基规模与新罗皇龙寺（645 年由善德女王建成，位于韩国庆州）的九重塔几乎相同（『大和　吉備池廃寺』）。

如此一来，舒明就修建了规模超过飞鸟寺的百济大寺。这有可能是针对苏我氏展开的行动。

《日本书纪》还提到了与这些政策有所关联的虾夷的行动。敏达天皇皇子大派王向大臣虾夷发出指令："群卿及百寮，朝参已懈。自今以后，卯始朝之已后退之，因以钟为节。"（舒明八年七月条）然而虾夷并未听从。卯时即上午六时许，当时正值七月，应为日出时间。

上文讲到，第一次遣隋使［推古八年（600）］向隋朝上奏："天未明时出听政，跏趺坐，日出便停理务，云委我弟。"这被隋文帝否定后，可能就改为了朝参制。宪法十七条［推古十二年（604）］之第八条规定："群卿百寮，早朝晏退。公事靡盬。终日难尽。是以，迟朝不逮于急。早退必事不尽。"此外，同年又改朝礼（朝廷礼仪），出入宫门时必行跪礼、匍匐礼。在小垦田宫时期制定的这些礼仪，应该也延续到了舒明朝的冈本宫和百济宫。然而，虾夷却没有服从。

虾夷与入鹿的专横

舒明于舒明十三年（641）卒于百济宫。翌年，他被葬在飞鸟滑谷冈，两年后的皇极二年（643）又被移葬押坂陵（宫内厅指定的樱井市段之塚古坟）。关于舒明驾崩和皇极即位，《日本书纪》只简单记录了事实本身。书中记载，十六岁的葛城皇子（中大兄，后来的天智天皇）在殡宫进行了哀悼仪式（舒明十三年十月条）。

舒明死后，新帝候选人中有曾经与舒明争皇位的山背大兄。然而，虾夷早在推古死时就选择了舒明而非山背大兄。苏我氏本宗最想推举的应为舒明之子古人大兄，但他与葛城皇子一样，都未到达即位的适龄期。为此，群臣效仿推古女帝之例，推举了舒明皇后宝皇女。她便是后来的皇极女帝。

皇极即位后，《日本书纪》中尤为突出了虾夷、入鹿父子的专横。关于入鹿有这样的记载："大臣儿入鹿，自执国政，威胜于父。由是，盗贼恐慑，路不拾遗。"［皇极元年（642）正月条］连盗贼都惧怕他的专横。这个记述可能含有将其后的乙巳之变正当化的意图，但《藤氏家传》（藤原氏传记）也提到："威福自己，权势倾朝，叱咤指麾（大声呵斥命令之意），无不靡者。"这与《日本书纪》所述相吻合。与此同时，僧旻①也曾评论道：

---

① 推古十六年随遣隋使小野妹子前往中国，学习佛法易学，舒明四年回到日本，向苏我入鹿、藤原谦足等人讲授周易。

苏我氏的兴亡

"入吾堂之人，无如宗我太郎（入鹿）者。"可见入鹿的才学确实高人一等。同年还可见"苏我大臣虾夷，立己祖庙于葛城高宫，而为八佾之舞"的记载。八佾之舞是天子之舞。由此可见，虾夷当时的一些行动已经如同天皇。

苏我氏的专横甚至发展到如下地步："又尽发举国之民，并百八十部曲，预造双墓于今来。一曰大陵，为大臣墓。一曰小陵，为入鹿臣墓。"（皇极元年是岁条）无须明言，唯天皇及其眷属之墓可称"陵"，而苏我氏如此称呼自己的坟墓实为僭越（关于今来双墓，将在后文论述）。虾夷在建造墓地时动用了上宫王家的乳部（壬生部）民，故《日本书纪》中还记载，上宫王之大娘姬王（春米女王）震怒。

可见，皇极天皇纪中突出了虾夷、入鹿的专横行动；与此同时，其中也存在支持天皇行动的记述。皇极元年（642）日本大旱，各村落遵从祝部指示，宰杀牛马祭祀诸社之神祈雨；又或者模仿中国习俗，不断迁市、求告河伯，但依旧没有效果。接下来，苏我虾夷于大寺（或为百济大寺）南庭设佛菩萨像、四天王像，诵大云经。另外，他还取香炉焚香发愿，却只乞来微雨。然而，皇极天皇在飞鸟川上游南渊河上，跪拜四方，仰天祈祷，大雨连降五日。像这样，《日本书纪》着重赞美了天皇的行动比苏我氏更为灵验。

上官王家的灭亡

到了皇极二年（643）十月，入鹿得到父亲虾夷私授紫冠，拟大臣位。《日本书纪》皇极二年十月条中还记载道："苏我臣入鹿，独谋，将废上宫王等，而立古人大兄为天皇。"这意味着入鹿图谋消灭上宫王，即厩户传至山背大兄的王家，自己另立天皇。

十一月，入鹿遣巨势德太等人至斑鸠宫，刺杀山背大兄。《上宫圣德太子传补阙记》提到，入鹿与轻皇子（后来的孝德天皇）共谋。而《藤氏家传》则说他与诸皇子同谋。总而言之，入鹿并非单独行动，但此时斑鸠宫舍人奋起抵抗，保山背大兄逃至胆驹山（生驹山）。

在此期间，巨势德太等人烧毁了斑鸠宫。山背大兄不顾舍人劝说，拒绝逃亡东国伺机再起，而是回到了斑鸠寺。他们再次遭到入鹿派遣的军队包围，最终山背大兄与妃子和子嗣一同自尽。厩户皇子传下的上宫王家一族至此宣告灭亡。

都塚古坟与今来双墓

再来看看上文被称为"大陵""小陵"的今来双墓。说到苏我氏之墓，首先有上文提到的可能是马子之墓的石舞台古坟。这是一座边长 50 米的方坟（外形基本为正方形的坟墓）。除马子墓之外，还发掘出了其他可能属于苏我相关人物的方坟。

其中之一便是 2014 年重新开始发掘的明日香村都塚古坟。都塚古坟是位于明日香村大字阪田小字都的一座方坟，建于自南延伸而来的山岭之上。方坟东西约 41 米，南北约 42 米，高度超过 4.5 米。

坟丘外观可见段状石台，目前可确认有五段，今后还有可能增加。埋葬部有两袖式横穴石室，玄室中央安置房形石棺。建造时期推断为 6 世纪后半期（现场说明会资料）。

由于尚未出土墓志，目前很难判明墓主人身份。不过古坟周边是 6~7 世纪以马子为首的苏我氏根据地，距离被认为是马子宅邸的岛庄遗迹和被认为是马子墓的石舞台古坟都很近。虽然尚未发现可参考的史料、资料，但此墓有可能是稻目之墓。假设这座古坟真的是稻目墓，那就意味着稻目、马子两代人都在飞鸟东南部建造了方坟，而且越往后的坟墓规模越大。

接下来再探讨虾夷与入鹿的双墓。根据《日本书纪》记载，"今来"同时建造了两座坟墓，并且被称为大陵和小陵。这就证明那应该是两座独立的古坟，而非合葬陵。

首先需要提出的问题是，今来究竟是什么地方。《日本书纪》中可见关于"今来"的三处记载。一直以来的解释并未采纳唯独今来双墓取自今来郡（后高市郡）地名的说法，而进行了另外的解读。然而，真的可以这样解释吗？

关于今来双墓，很多观点认为大陵、小陵对应御所市古濑的水泥古坟。古坟外形为圆坟，分为北部水泥塚穴古坟和南部水泥南古坟两个部分。两座古坟都位于旧葛上郡，而非今来郡。然而，水泥塚穴古坟被认为修建于 6 世纪前后（河上邦彦「御所市水泥塚古墳」），与今来双墓的时期不符。因此这一假设应该不成立。

再来探讨一下《日本书纪》中的地名"今来"。钦明七年七月条可见"今来郡"，与大化五年三月条的"今来"应为同一地区。也就是说，这两处记述同指一个今来地区。若如此，则很难认为皇极朝关于今来双墓的记述指的是别的地方。同是《日本书纪》里的地名今来，自然是指同一个地区。因此有必要将今来理解为今来郡。另外，奈良时代以前，除 A、I、U、E、O 各段均有被称为甲类的五母音之外，I 段、E 段、O 段各有乙类音，两者在上代特殊假名中被区分使用，各自表述的词语意义不相同。今来的"来"在上代特殊假名中对应甲类"Ki"。齐明四年五月条与十月条有地名"今城谷"和"伊麻纪"，"城"和"纪"都对应上代特殊假名之乙类"Ki"，为不同地名。

小山田遗迹

最近较为引人注目的是 2015 年 1 月公开的小山田遗迹。该遗迹检测出了东西方向超过 48 米，带有贴石的遗构。橿原考古研究所认为，那是一座建于 7 世纪中期，规模达 50 米以上的方坟（「小山田遺跡第5·6次調查」）。同时学界较为重视以下几点：（1）巨大方坟符合天皇陵规模；（2）修建时期与舒明天皇卒年基本一致；（3）与段之塚古坟（现舒明陵）一样使用了室生安山岩（榛原石），且两者皆为方坟。其结果就是，鉴于小山田遗迹地点与《日本书纪》记载的滑谷冈一致，该方坟极有可能是舒明天皇移葬前的初葬坟，即滑谷冈陵。

然而，这个说法并不存在确凿佐证。（1）和（2）也与苏我马子的情况相符。此外，室生安山岩也被使用在飞鸟寺西金堂基座缘石（『飛鳥寺』）和山田寺基座外装（『山田寺展』）上，将其认定为苏我氏之墓并无不妥。反倒是小山田遗迹与其西侧的菖蒲池古坟之间的关系更值得关注。该古坟是两段结构、边长约 30 米的方坟（「菖蒲池古墳の発掘調査」），若小山田遗迹每边长 70 米的"方坟说"正确（「小山田遺跡第 8 次調査」2017 年 3 月），那么就形成了与菖蒲池古坟并肩而立的布局。此前今来双墓的具体地点一直不详，但小山田遗迹位于今来郡，两座方坟或有可能是虾夷的大陵和入鹿的小陵（菖蒲池古坟）（这一猜想亦可见于塚口義信「小山田遺跡についての二、三の憶測」）。

若以上思考大致可行，那么苏我氏之墓就有稻目（都塚古坟）、马子（石舞台古坟）两处，同时还规划了虾夷（小山田遗迹）、入鹿（菖蒲池古坟）两处。所有坟形皆为方坟。但是古坟墓主人目前仅为推测，具体还要等待今后的调查研究进展。

另外，关于天皇陵，到敏达陵为止极有可能都是前方后圆坟，并在敏达前后演变成了方坟。用明陵和移葬后的推古陵位于河内矶长谷（今大阪府太子町），两者皆为方坟。用明、推古都是出自苏我家系的天皇，两者陵墓皆为方坟这点着实发人深思。其后的舒明陵几乎可以断定为段之塚古坟（今奈良县樱井市），坟形为八角坟。接下来的皇极（齐明，牵牛子塚古坟）、天智、天武、持统的天皇陵皆为八角坟（『牽牛子塚古墳発掘調査報告書』）。可见，自非苏我家系的舒明天皇之后，天皇陵采用了新的坟形。

苏我氏谱系

目前为止论述的"苏我氏",是世代被任命为大臣的"本宗"。稻目—马子—虾夷—入鹿这一通过父系延续的直系继承,正符合本宗家之名。可以认为,苏我氏早于天皇家引进了直系继承体制。

然而,本宗家并没有掌握苏我一族的所有权限,也没有对氏族施行完全统治。其旁系中亦有活跃的官人辈出,女性成为天皇后妃的例子也很多,在苏我一族中起到了一定的政治作用。

历史上有名的苏我旁系有马子之弟(境部)摩理势。推古死后,群臣推举新帝,摩理势并未听从虾夷的意思推举舒明,而是支持了山背大兄(本书第 126 页)。后来,他又在修建马子墓时破坏守墓庐屋,最后困守苏我之地田家(别墅),不久便被虾夷杀死。想必他的死根本原因在于政见与本宗家不同。

为把握苏我一族概况,此处列出了苏我氏谱系(图3-8)。但是这一谱系图参照多种谱系制作而成,难以保证准确性。在血缘关系方面,仓山田石川麻吕为"马子大臣之孙,雄正子臣之子也"(《公卿补任》孝德天皇部分);而关于雄当(雄正)则参考了"苏我仓麻吕(别名雄当)"(《日本书纪·舒明即位前纪》)等记载。不过,兄弟之间的同母、异母关系则无法全部判明。因此，请将其理解为"基本正确的谱系"。

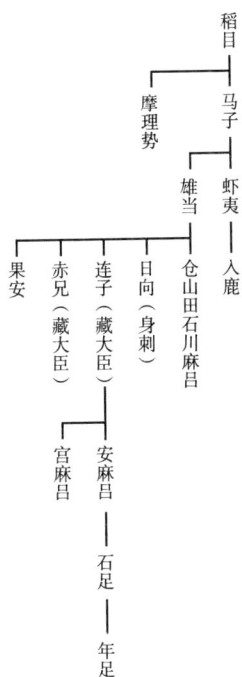

图 3-8　苏我一族谱系

旁系的活跃

值得瞩目的是，大化改新后本宗家灭亡（下章详述），而在此之后，旁系亦有担任要职之人。首先是大臣

苏我氏的兴亡

一职：仓山田石川麻吕任改新政权的右大臣，连子则在齐明、天智两朝担任大臣（天智三年条），赤兄也在时任太政大臣的大友皇子麾下成为左大臣。仓山田石川麻吕在乙巳之变中协助了中大兄。由此可见，大化改新并未使苏我氏完全绝灭，且在此之后苏我一族中亦有大臣辈出。然而，在壬申之乱大友皇子落败后，就再也没有苏我之名者出任过大臣了。

仓山田石川麻吕之父是虾夷胞弟雄当，这个雄当在推举舒明时曾婉言道："臣也当时不得便言，更思之后启。"（舒明即位前纪）也即是说，他既没有反对虾夷，也没有出言支持。由此可见，雄当一系的苏我氏在政治上的行动与本宗家不同。然而，即使在雄当一系内部，也发生了旁系问题。雄当之子日向曾诬告异母兄弟仓山田石川麻吕，最终逼迫其自尽，可见其私心之甚。①

除日向（大化五年三月条）外，仓山田石川麻吕、赤兄、连子都冠了"苏我仓氏"和"藏大臣"之名，拥有苏我仓（"苏我"和"仓"结合的姓名）这一复姓。这里的"仓"应为与朝廷之仓相关的苏我氏一族名称（直木孝次郎『日本古代国家の構造』）。苏我氏有参与朝廷财

---

① 大化五年，日向诬告仓山田石川麻吕谋反。孝德天皇派穗积咋包围山田寺，仓山田石川麻吕与其长子等人于寺中自尽。

政的历史传统，因此这也是极为妥当的看法。后文可见，这一系统的苏我氏在天武朝改姓石川氏，并以石川氏之名活跃于奈良时代（志田谆一『古代氏族の性格と伝承』）。

4　苏我氏与"天皇"

苏我氏的特征与外戚

在讲述苏我氏权倾朝野时代的本章最后，且对这一时期苏我氏在大和王权中的实际地位及其政治立场重新进行一番审视。

首先可以举出苏我氏的一个特征：通过将女儿嫁给天皇，一直保持着外戚地位。乙巳之变时，中臣镰足就完美阐述了这一行动的本质："谋大事者，不如有辅。请，纳苏我仓山田麻吕长女为妃，而成婚姻之昵。然后陈说，欲与计事。成功之路，莫近于兹。"（皇极三年正月朔条）将女儿嫁予天皇为后妃，待时机完备时，推其所生男儿即位为天皇。苏我氏一直都在持续这一行动，这里将对应的苏我氏之女列举如下（图3-9）。

通过谱系可以看出，大臣稻目之女三人，马子之女两人都嫁给了天皇成为后妃（妃、夫人、嫔）。此外，大臣虾夷是否有女情况不详，也没有成为天皇后妃的记载。除

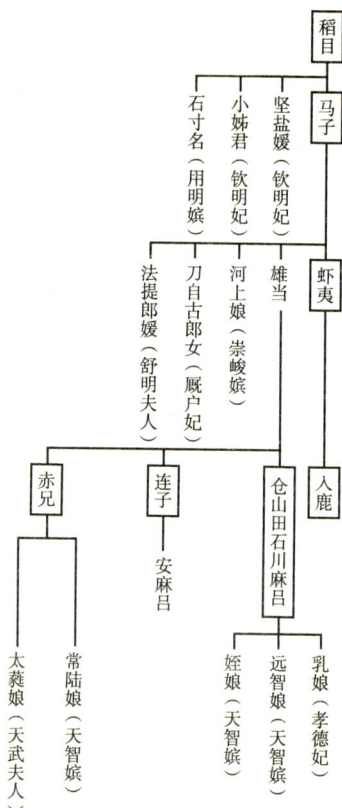

图 3 - 9　成为后妃的苏我氏之女谱系
（含厩户妃，方框内为大臣名）

此之外，改新政权右大臣仓山田石川麻吕的女儿分别嫁给了孝德天皇、天智天皇成为后妃（妃、嫔）。想必此举效仿了改新前的本宗家。顺带一提，远智娘之子后来即位为持统天皇、姪娘之子也即位为元明天皇。左大臣赤兄也将两个女儿嫁予天皇成为后妃（嫔、夫人）。

此处需要注意的是，雄当没有大臣身份，即使有女儿也无法成为后妃。虽说他属于苏我一族，但要让女儿成为后妃，大臣地位不可或缺。也就是说，苏我氏一族中唯有大臣家能够获得外戚地位。

大臣是什么

无须明言，自稻目以来，马子、虾夷都以大臣身份掌握了国家政事。关于大臣这个官职，一般将其解释为："5世纪末到7世纪前半期大和朝廷最高执政官的称号。大臣从臣姓的平群、许势、苏我等武内宿弥后裔氏族中选任，大连从连姓的大伴、物部两氏中选任，相传为世袭制。"（日本古典文学大系『日本書紀』上、補注）

其中，5世纪末尚处于人制阶段，即使日本对外称"开府仪同三司"（本书第32页），也没有大臣之位真实存在的明确证据，因此这样解释大臣成立时期略有问题。另外，如本书所述，大臣等群臣皆由新即位的天皇任命。因此，就算同为苏我氏就任大臣，也不一定能将其判断为世袭制。皇极朝虾夷向入鹿私授紫冠企图世袭化，后来也遭到了批判。世袭制在群臣推举新帝的时期很难实现，因此大化改新以前应该不存在。

大臣的官职与成立时期

本书将大臣、大连阐释成一种制度，然而近年又出现了对大连职位怀有疑问的说法（倉本一宏「大王の朝廷と推古朝」）。为此，本节再对两者的成立进行较为详细的说明。

首先是大臣。关于大臣一词，《日本书纪》记载："新罗，改遣其上臣伊叱夫礼智干岐（新罗，以大臣为上臣）。"（继体二十三年四月条）这个注释表明新罗国的上臣等于倭国大臣，可见这个称号指代了某个特定官职。另外还有记载，"归以敬咨日本大臣（谓在任那日本府之大臣也）"（钦明五年十一月条），这里将"任那日本府"最高执政官的官职表述为了"大臣"，故此处的大臣亦指官职。由此可见，当时普遍将大臣认知为一种官职名称。

那么，大臣这个官职又成立于何时呢？原本大臣和大连等名称有可能只是尊称，两者是否存在明显不同，在史料中并未详细指出。此外，关于宣化朝以前的人物，可知氏族名称成立于5世纪末到6世纪前半期（大约是6世纪前半期的钦明朝），诸如平群臣真鸟及物部连目这些人物是否真实存在尚且存疑。这些人物的真实性需要逐个另行探讨。

假设大臣是从可婆根臣姓氏族中选出，那么就要有个前提，即"臣"这个可婆根姓必须真实存在。然而，可婆根姓作为社会地位象征的性质，要到氏成立以后才出现。同时，只有氏与可婆根姓都完备之后，才会出现大臣这一官职名称。探明这几个要素的成立时期之后，就可将成立之前出现的"大臣"之称，理解为单纯的敬称或后世的润色。

在阐明大臣问题的基础上，还要提出一份颇为发人深思的史料。推古死后，山背大兄与田村皇子（舒明天皇）展开皇位之争。彼时，虾夷提出无法推举山背大兄即位的理由如下：

> 自矶城岛宫御宇天皇之世及近世者，群卿皆贤哲也。唯今，臣不贤，而遇当乏人之时误居群臣上耳。是以，不得定基。
>
> （舒明即位前纪）

他在这里讲述了皇位继承的背景并以钦明为起点。文中有"群卿"字眼，可见推选天皇的不是苏我氏，而是群臣为之。也就是说，新帝向来由群臣推举产生（"贤哲"的真正内涵），而推古死后，由于虾夷力量不足（即"不贤"），迟迟未能推举出新帝。假设此言不虚，至少可以断定，群臣推举新帝的机制自钦明朝而始。若真如此，则大臣作为统率群臣的官员，本身亦作为群臣之一，从钦明朝开始，便在新帝推举中一直扮演着重要角色。

史料并未阐明是否大臣制度成立后，就实现了群臣推举新帝的体制。然而至少可以断定，这一制度在钦明朝确实存在。那么可以推断，大臣制度在钦明以前便逐渐成形了。

"大臣"的读音与"大前君"

"大臣"一词在日语中究竟如何发音呢？这点可以参考"大臣"的别称。《日本书纪》部分记载中可见葛城圆大臣（雄略元年三月条）的别称："平群木菟宿弥、苏贺满智宿弥、物部伊莒弗大连、圆大使主，共执国事。"（履中二年十月条）也就是说，"大臣"也可表述为"大使主"。另外，《日本书纪》还记载"使主，此云于弥"（显宗即位前纪），可见"使主"读作"Omi"。日下部连使主等个人名称中多见"使主"表述，因此可将大臣读作"Oomi"。

另外，大臣又有"Womachikimi""Oimachikimi"（成务三年条）、"Omachikimi"（清宁元年条、显宗元年条）、"Womauchikimi"（敏达元年条）等训点。训点虽不一定是那个时期的真正读音，但上述发音皆指向"大マヘツキミ（Omaetsukimi）"之意。"マヘツキミ（maetsukimi）"是

"'前君'之意，即侍奉天皇的身份高贵之人。亦读作
Mauchikimi、Machigimi"（『岩波古語辞典』補訂版）。
"大前君"被解释为"天皇侍者之长"（同上）。因此这
个词并不一定是指"大臣"这一特定官职。

《万叶集》中有歌云，"丈夫时讲武，鸣镝挽强弓。
物部将军盾，高擎号令雄"（大夫之　鞆乃音為奈利　物
部乃　大臣　楯立良思母，76），说的是"远处传来丈夫
讲武之声，武官将军高擎盾牌，号令威严。"（新日本古
典文学大系本）这里提到的"Omaetsukimi"并非"大
臣"（这一时期称为左、右大臣），而是"武人"。而且这
首和歌被认为是和铜元年（708）"（元明）天皇御制"，
描述了与武人物部氏相关的场面。也就是说，这个时候的
"Omaetsukimi"一词，并没有指代某个特定的官职。

由此可见，大臣除了"Oomi"的读音之外，其官职
特性又属于"Omaetsukimi"的一种。这一点从大连的读
音中也可推断出来。

大连一般读作"Omuraji"（雄略即位前纪），亦存在
"Oimachikimi"（钦明即位前纪）和"Mauchikimi"（钦明
五年三月条）等训点。后者与大臣的训点相同，因此，
大连也是被称呼为"Omaetsukimi"的政治地位之一。大
臣之所以多见"Omaetsukimi"之训点，可能是因为用明
二年（587）物部氏本宗灭亡后，日本朝廷就不再任命大

连，大臣因此变成了最高官职。或许出于这一变化，使得大臣渐渐独占了"Omaetsukimi"的称呼，并最终形成了唯一对应的关系。

这个"Omaetsukimi"究竟指代什么样的地位和身份呢？《日本书纪》中多将其表述为"大夫"。正如关晃曾经指出的，大夫构成了大臣、大连之下的合议集团，在参与朝廷最高政务商议和决定的同时，也拥有对天皇进行奏宣（对天皇进言）的政治地位（「大化前後の大夫について」）。然而，"Omaetsukimi"原本是"前君"之意，也被用作内命妇①的训读"Himemachikimi（女性前君之意）"（天武五年八月条等）。因此，这个名称并不一定指某个特定官职。

另外，这一时期的政治体制一般也被称为"大夫合议制"，但这个"合议制"的真正意义可能与名称印象不同，只是君主制之下，为辅佐君主执政而进行的辅弼官合议而已（吉川真司『律令官僚制の研究』）。

大臣与大连的地位

"臣"是表述君臣关系的名称。《宋书·倭国传》收

---

① 指律令制下位阶五位以上的女官。另，外命妇是指五位以上男性官员之妻。

录的倭王武（Wakatakeru，雄略天皇）上表文中，武对南朝宋皇帝写了这么一段话："臣虽下愚，忝胤先绪。"这里的"臣"就表明了君臣关系（478 年）。稻荷山古坟出土的金错铭铁剑可见"乎获居臣"字样，这上面的"臣"用法也与之类似。这种中国"臣"的用法自 5 世纪便已存在。然而，"臣"在倭国不仅用以表明国王与官员的君臣关系，还用以表明中央氏族与其下属的君臣关系。比如"于桧隈宫御寓天皇（宣化天皇）之世，我君大伴金村大连，奉为国家使于海表。火苇北国造刑部靫阿利斯登之子、臣达率日罗……"（《日本书纪》敏达十二年是岁条），就将大伴金村与日罗归为了"君臣"关系。

另外，倭国还有"omi"这一称呼，为"侍者之意。古与 kami（神）对应，后与 kimi（君）对应"（『岩波古語辞典』補訂版）。这一词语后来被作为可婆根姓使用，但其文字表述为"使主"。

此外，《日本书纪》自雄略天皇纪中出现"臣""连""伴造""国造"（雄略二年十月条）的表述以来，经常可见"臣""连""伴造"用词。另外，其还被表述为"大伴室屋大连，率臣连等，奉尔于皇太子"（清宁即位前纪）、"以大伴室屋大连为大连，平群真鸟大臣为大臣，并如故（指再任）。臣连伴造等，各依职位焉"

（清宁元年正月条）。首先应该注意的是，"臣连伴造等"在这里指的是职位。《官位令》开篇"或云"段中解释，"官，亦如职位也"，指出"官"也有职位之意。现在虽然将"臣""连""伴造""国造"解释为"构成大和朝廷的豪族统称"（日本古典文学大系本頭注），但或许在很早以前，这些名称就被作为"职位"的统称使用了。

也就是说，"臣"是拥有可婆根臣姓、以地为名的氏族所任职位，而"连"则是拥有可婆根连姓的伴造系氏族所任职位，在此基础上，中央豪族构成了王权的一部分。两者都在大和王权之下管辖各个部民，将自身分管的王权职务体现在职位名中。另外，国造是大和王权地方行政组织首领的职位。因此，"臣""连""伴造""国造"严格来讲，应该被定义为"构成大和王权的象征性职位统称"。

从这里又可以捕捉到大连为"连"，大臣为"臣"的关系。在《日本书纪》的用法中，大臣、大连都是来自职位的称号，是从"连"系氏族与"臣"系氏族中选出的执政官员。最近出现了一些轻视"大连"职位的看法，这与人们对大和王权社会分工体系之伴造、部民制的过低评价有关。有人将伴造、部民制理解为"大王家的家产组织"，但相比"家产组织"，它更应该被理解为"维持王权的职务分工体制"。自古以来都由大伴氏与物部氏并立为大连，起源就在于两种氏族的社会分工体制。也就是说，大伴氏以"伴（人）"侍奉，物部氏以"物"纳贡。两氏作为这两种行为的执掌者，一直以来都起到了共同支撑王权的作用。

但是"大连"如上文所述，在确定为职位名称之前，一直被作为尊称使用（广义用法），因此有必要对那一时期的名称与官职名做出区分。

苏我部的分布——苏我氏基础之一

最后，再来看看苏我氏的经济基础。

与苏我氏关系密切的部民，被称为苏我部（亦称宗我部、苏宜部等）。苏我部即苏我氏领下部民（豪族所拥有的部）。其具体隶属方式尚不明确，但可知他们除向苏我氏纳贡物品外，还在苏我氏之下从事各种业务。不过日野昭指出，苏我氏与苏我部的关系其实比较淡薄（『日本古代氏族伝承の研究』）。

日野昭对苏我部分布的研究结果如下：

畿内：大和、山城、河内

东海道：远江、上总、下总

东山道：美浓、信浓、陆奥

北陆道：越前

山阴道：丹波、但马

山阳道：播磨、备前、周防

南海道：阿波、赞岐、土佐

西海道：筑前、肥后

畿内地区自然包括苏我氏本贯（大本营）和别业①所在的大和与河内。在东海道，出于后述"东方傺从者"的关系，上总和下总值得关注。东山、北陆、山阴、山阳等地则多为畿内周边的部。日野昭也指出，这些部的分布多在比较靠近畿内的地区以及交通较发达的地区。本书上一章也提到，苏我氏与海外移民的关系较深，此处正应了这个关系，濑户内沿岸的播磨、备前、周防（山阳道）和阿波、赞岐（南海道），以及筑前（西海道）都存在苏我部。

与东国的关系

在权倾朝野的时期，苏我氏以大臣名义，从大和王权获得了各种政治、经济特权。虾夷在修建墓地时，甚至动用了上宫王家的乳部（壬生部）民（本书第132页）。可

---

① 本贯指本籍地、出身地；别业指除本宅以外的住宅，相当于别墅。

见，那同时也是苏我氏不问族类，擅自动用苏我氏相关势力的下属部民的专横时期。

这里最值得关注的，是苏我氏与东国（Azuma）的关系。《日本书纪》皇极三年十一月条记载，虾夷于甶傍山东侧修建宅邸。虾夷宅邸名为上宫门，入鹿宅邸名为谷宫门。同时，该条也记载了守卫宅邸的健人（壮士）是"东方傔从者"。有说法认为，因为那些都是出入于甶傍山东侧宅邸的侍从，故称"东方"（新编日本古典文学全集本）；但实际上，它指的应该是"东方"（Azuma），即来自东国的健人。

这个东方的具体范围并不明确，但如上文所述，东海道远江、上总、下总，东山道美浓、信浓、陆奥都存在苏我部。东国是政治上从属于大和王权的一个特殊区域。若将上文皇极朝的记载与东国关联起来进行思考，便可理解为苏我氏从那个地区募集了健人看守宅邸。这就证明，在与大和王权存在特殊利害关系的东国，苏我氏亦拥有苏我部，还从中募集了守备宅邸的傔从者。

而且，皇极天皇纪在关于"东方傔从者"的记载之后还提到，令汉直（东汉）① 看守甘橿冈的虾夷宅邸（上

---

① 本为应神天皇时期来到倭国的东汉族裔，在雄略朝获赐"汉直"姓，后分裂为东汉（直）与西汉，分住于大和国与河内国。

宫门）及入鹿宅邸（谷宫门）二门。由此可见，苏我氏在这一时期依旧与海外移民关系紧密，甚至能够私下动用这些移民。可以说，这也透露了当时苏我氏本宗所拥权势的一个侧面。

四 大化改新——苏我氏本宗的灭亡

1 结合东亚形势考察"乙巳之变"

高句丽与百济的政变

642 年，朝鲜半岛的高句丽与百济两国遭逢剧变。这一事件后来传到日本列岛，被记载到《日本书纪》中。

首先是位于朝鲜半岛北方的高句丽。皇极元年（642）九月，大臣泉盖苏文刺杀国王荣留王。《日本书纪》记载：

> 大臣伊梨柯须弥（泉盖苏文）弑大王，并杀伊梨渠世斯等百八十余人。仍以弟王子儿为王。以己同姓（高句丽使者的亲族）都须流金流为大臣。

> （皇极元年二月条）

苏我氏的兴亡

掀起政变、刺杀国王后，泉盖苏文推王弟之子宝藏王即位，但实权被掌握在他本人手中。这是一场贵族主导的政变。以此为契机，唐朝于 644 年开始备战，并分别于 645 年、647 年、648 年远征高句丽。

与此同时，皇极元年正月，百济又发生了这样一起事件：

> 今年正月，国主母薨。又弟王子儿翘岐及其母妹女子四人，内佐平岐味，有高名之人卌余，被放于岛。
>
> （皇极元年二月条）

国王之母死后，王弟及其子嗣被流放至岛上。与高句丽不同，百济事件由国王发挥主导权，是一场将权力集中到国王一人身上的政变，此处姑且将其称为百济型政变。另外，唐朝 645 年远征高句丽时，曾要求百济派兵，而当时百济正在进攻新罗，便形成了一场遍及半岛三国的战争。

另外，作为这些政变的历史背景，还必须提及中国大唐帝国的兴盛。628 年，唐统一中国，紧接着于 630 年灭东突厥、640 年灭西域高昌国，迅速发展为一代强国。唐帝国的巨大力量开始影响东亚周边国家，其结果就是，与唐紧邻的朝鲜半岛诸国各自集中了用以应对唐朝的国家权力，开始向稳固的统一王权方向发展。

另外在新罗，647年，上大等（贵族会议中地位最高的人）毗云发起叛乱，试图孤立善德女王。叛乱虽然遭到镇压，但女王在平叛过程中去世（或为病死），真德女王即位。其后，支持女王的金春秋（后来的武烈王）、金庾信等人利用权势推进中央集权化进程。当时的半岛三国可谓处在狂风骤雨的政治形势中。

乙巳之变

皇极女帝治下的皇极元年（642），高句丽与百济政变的消息传入日本，自然给以苏我氏本宗为首的日本贵族势力和王族（皇亲）带来了强大冲击。因为当时发生在半岛的高句丽型政变（贵族掌握国家实权）和百济型政变（国王实现权力集中）的详细信息源源不断地传了进来。日本列岛要想实现中央集权化，国王与贵族的权力争斗亦不可避免。

如前章所述，643年，苏我虾夷向入鹿私授紫冠，拟大臣位。其后，入鹿派巨势德太等人前往斑鸠宫袭击山背大兄。山背大兄一度逃到胆驹山，却拒绝了暂退东国，在乳部（壬生部）支持下东山再起的进言，后于斑鸠寺自尽。

虾夷听闻这一事件，怒骂道："噫，入鹿，极度愚痴,专行暴恶,尔之身命,不亦殆乎。"(皇极二年十一月条)另外,相传入鹿欲亲自到胆驹山寻找山背大兄,后被古人大兄阻止。从这些传说来看,入鹿应该属于冲动型人格。如僧旻所说,入鹿才能过人,但在政治手腕方面不如父亲老练。

在日本国内政治危机的发展过程中,中臣镰足开始对入鹿产生反感。《日本书纪》中描述的镰足形象受到了其子藤原不比等的影响,因此不可全盘按照记述来理解,但其中有这样一句:"(入鹿)失君臣长幼之序,挟窥觎社稷之权。"(皇极三年正月条)于是,镰足开始亲近中大兄,又拜自唐归来的南渊请安为师,不久后,两人开始密谋暗杀入鹿。

另外,镰足还安排中大兄与苏我仓山田石川麻吕的女儿(或为远智娘)结婚,加强了与苏我旁系的联系。与摩理势一样,苏我氏虽属同族,但并非上下齐心,镰足便用这种方法在苏我一族中制造了裂痕。

与此同时,苏我本宗方面,虾夷与入鹿修建了甘橿冈的上宫门(大臣家)及谷宫门(入鹿家),并在"家外作城栅,门傍作兵库"(皇极三年十一月条),彻底完善了宅邸的军事防御。就这样,中大兄等王族与苏我氏本宗的矛盾被激化了。

皇极四年(645)六月,一场诈称"三韩之调"的进贡仪式被安排起来，地点在飞鸟板盖宫的"大极殿"。但是这一时期尚不存在后世成为朝堂院正殿的大极殿，因此此处所指应该是王宫的中心建筑物。在朝贡国献上朝贡品"调"时，按照礼数，天皇必须参加仪式。因为那是皇极女帝将要出席的仪式，所以入鹿也会参加。这虽然是一场别有用心的仪式，但当时百济、新罗、高句丽皆有使者来到日本，实际完全有条件举行真正的仪典。

入鹿向来多疑，但还是让俳优（艺人）解去了昼夜随身携带的剑，进入大极殿参加仪式。皇极御驾亲临，石川麻吕应该在大极殿前庭高声朗读《三韩上表文》，在此期间，中大兄和佐伯连子麻吕等人刺杀了入鹿。古人大兄马上返回私邸，对旁人说："韩人杀鞍作臣（入鹿），吾心痛矣。"然而，韩人不可能暗杀入鹿。《日本书纪》注曰"谓因韩政而诛"，或意为"三韩之调纳贡大典之际遭诛杀"。

其后，中大兄以飞鸟寺为阵地，集结了诸皇子、诸王和诸卿大夫。随后，入鹿遗体被交到虾夷一方。此外，中大兄一方还劝告看护宅邸欲保卫虾夷的汉直族人，后者便四散逃窜。第二天，虾夷自尽，焚烧了"天皇记、国记、珍宝"，但国记被救了回来。

这样一来，苏我氏本宗宣告灭亡，但朝廷批准将虾夷和入鹿的遗体葬入墓中。不知他们是否被埋葬在了当初修建的大陵、小陵内（本书第 132 页）。因为这次政变发生于乙巳年（645），故称为"乙巳之变"。

以上皆以《日本书纪》的记载为基础，大体经过应与事实无异。至此，日本列岛模仿半岛政变，建立起了权力集中于国王的"百济型"政权。

让位与孝德新政权

虾夷自尽次日，皇极女帝让位，其同母弟轻皇子即位为孝德天皇 [大化元年（645）六月]。孝德为敏达天皇曾孙，属于三世王。本来他是远离皇统之人，但身为皇极之弟的地位起到了很大作用。这一时期另一位有力的后继者是中大兄，然而他只有二十岁左右，尚未到达继承王位的适龄期，因此受到了影响。

此前的大和王权一直是王位终身制，这是头一次天皇尚在生时让位。而且新帝并非群臣推举，而是天皇自行实施了禅让。在古代王权历史上，摒弃一直以来的王位终身制，转而实现禅让，这无疑是划时代的大事件。在此之前，除眉轮王杀害的安康天皇，以及苏我氏暗杀的崇峻天皇之外，一直都是以王的自然死亡为契机实行王位更替的终身制王权。

根据《日本书纪》记载，孝德即位后封中大兄为"皇太子"，阿倍内麻吕为左大臣，苏我仓山田石川麻吕为右大臣。当时尚不存在皇太子一词，本来中大兄只是"太子"。此外，《日本书纪》还提到，孝德向中臣镰足授大锦冠，命其任内臣。只是这一时期尚不存在大锦冠这一位阶［大化三年（647）开始实施］，内臣的地位或许仅相当于政治顾问而已。

如上文所述，苏我旁系的石川麻吕被任用为右大臣。仅此一事便证明，苏我氏并未在乙巳之变中全灭。虽然主流从本宗转向了旁系，但依旧是掌握政权中枢的苏我氏一族。

构成新政权的天皇、前皇极女帝（皇祖母尊）、中大兄等人在飞鸟寺西侧的大槻树下订立誓约，加强了联系。相传誓约内容为"天覆地载，帝道唯一""自今以后，君无二政，臣无二朝。若二此盟，天灾地妖，鬼诛人伐。皎如日月也"（孝德即位前纪）。这便是对王权统一的宣誓。

另外，《日本书纪》还记载了改元"大化"。大化为"广大德化"之意。然而，这一时期以后到 701 年"大宝"年号以前的同时代史料都只以干支纪年。很难认定大化是通用年号。

孝德封舒明之女间人皇女为皇后，左大臣阿倍内麻吕之女小足媛和右大臣苏我仓山田石川麻吕之女乳娘为妃。通过与左、右大臣的女儿结合，孝德进一步加强了与群臣的关系。想必在群臣眼中，把女儿嫁予天皇亦是稳固自身地位的手段。由此可见，苏我氏在孝德新政权中占据了重要位置。

另外，苏我入鹿希望推举即位的古人大兄在决定皇位人选时当场解去佩刀，到飞鸟寺剃去须发出家为僧，随后身披袈裟前往吉野。虽说他曾受镰足推举，但后盾入鹿被杀，他担心自己会招来各种猜疑。事实上，不久后的九月，苏我田口臣川堀等人便被告发意图谋反，遭到斩杀。可见，苏我旁系中仍有一人在支持古人大兄。

2　苏我仓山田石川麻吕与大化改新

改新政权的改革

从苏我氏立场上看到的大化改新，会是一起什么样的事件？苏我氏本宗在乙巳之变被灭绝，那个过程中，苏我氏的旁系又站在了胜利者一方。可见，王权集中过程中的亲族分裂，无论在日本列岛还是百济都曾存在。

大化改新是推行全国的改革方针，因而朝廷首先是向东国，继而向各国派遣了使者。另外，改新之诏以及社会风俗（愚俗）改革都属于非常重要的政策。本书将按顺序进行论述。

大化元年（645）八月，朝廷向东国派遣使者，令其进行以下工作：（1）人口调查（史料称"作户籍"）；
（2）田亩调查（"校田亩"）；（3）兵器收公并管理兵库。
（「東国国司の詔」）另外，朝廷还要求与东北虾夷①接壤
的地区返还武器。有观点认为，这次派遣与设置地方新
"评"（后来的郡）有所关联。对大和王权来说，东国是一
个特殊的政治从属地区（见本书第153页），因此朝廷才会
施行这种政策。接下来，与王权关系深远的大和六县（《延
喜式》记为高市、葛木、十市、志贵、山边、曾布）也施
行了（1）和（2）。

其后，朝廷又向各国派遣使者，推行了武器管理、户
口管理和禁止土地兼并、买卖（指赁贷借）的政策。东
国的田亩调查可能也并非单纯的调查，而是伴随所有权变
更的调查。总而言之，向各地派遣使者的行为也与这一政
治基调相吻合（大化元年九月丙寅条、甲申条，大化二
年正月是月条）。

针对寺院，天皇向大寺（飞鸟寺）派遣使者，对钦
明朝以来苏我氏对接纳佛教做出的贡献进行赞赏后，又提
及了佛教的尊崇与普及，然后进行了"僧尼、奴婢、田
亩"调查（大化元年八月条）。这相当于一次天皇亲自主
持佛教普及的宣言。

_____

① 指当时日本列岛东部和北部的原住民。

此外，为征讨虾夷，朝廷又在日本海一侧的越地设置淳足栅［大化三年是岁条。旧越后国淳垂郡（或为今新潟县阿贺野川河口附近）］、磐舟栅（大化四年是岁条。今新潟县村上市岩船附近）（图4－1）。《日本书纪》并未记载太平洋沿岸的城栅设置情况，但宫城县仙台市的郡山遗迹被推定为征讨虾夷的前哨站（『郡山遺跡発掘調査報告書　総括編（1）（2）』）。

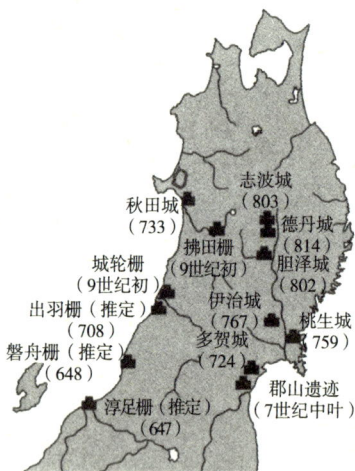

图4－1　东北地区的城栅（数字为设置年代）

同年八月，朝廷定"男女之法"，规定了新生儿的归属。此法规定，良男良女所生之子归父方，良男与婢所生之子归母方，良女与奴所生之子归父方，奴与婢所生之子归母方（大化元年八月条）。也就是说，良人男女之间、良女与奴之间所生的孩子归属父亲，良男与婢之间、奴与婢之间所生的孩子归属母亲。良与贱所生孩子归属贱方。这是通过户口调查了解实际家族生活情况，发现有必要明确归属之后制定的法度。

《改新之诏》的构成及其历史意义

大化二年（646）正月，新政权颁布《改新之诏》。这一诏书只在《日本书纪》中有记载，而且明显带有后世《大宝令》的润色，但总而言之，先来看看诏书由哪些内容构成。

诏书由主文四项和"凡"字打头的副文十三条构成。主文如下：

（1）罢昔在天皇等所立子代之民、处处屯仓，及别臣连伴造国造村首所有部曲之民、处处田庄。

（2）初修京师，置畿内国司、郡司、关塞、斥候、防人、驿马、传马，及造铃契，定山河。

（3）初造户籍、计账、班田收授之法。

（4）罢旧赋役，而行田之调。

日本中等教育教科书中往往较为注重第一项，将其解释为"私地私民制"向"公地公民制"的转化。废除部民制确实意味着向统一公民制支配的转化，然而，并不能在此之上附加领地从"私地"向"公地"转化这一历史意义。

还可以认为，这个"公地公民制"被继承到了律令制中。可是，律令法中百姓的口分田在法律意义上被认为是"私田"，也是"私地"。将这样的土地政策基调强行定义为"公地公民制"基本上行不通。从史实来看，要到《垦田永年私财法》（743 年）明确规定"私地私民制"以后，才进入可以将当时的社会评价为"公田、公地、公民制"的社会（吉村武彦『日本古代の社会と国家』）。

为此，本书要将《改新之诏》的方针定位为从部民制向"公民制"的转换（第一项），而第二项到第四项则是伴随这一方针的各种改革内容。改革部民制，将其转化为公民制的策略，最终将导致苏我部等豪族所拥部民的解体。从宏观上看，这是传统豪族向官僚制贵族的转化。以苏我氏为例，这就意味着曾经是豪族性质的苏我氏，不得不脱胎换骨，转变为官僚性质的苏我氏。

考察《改新之诏》的原型

《改新之诏》带有 701 年制定的《大宝令》用语的润色，《日本书纪》中并未记载当时的原诏文（原诏）。过去曾有人提出否定《改新之诏》存在的说法，但原诏真实存在的可能性非常高。只是，目前还无法复原《改新之诏》原诏内容，要想理解孝德朝真正的政治改革近乎不可能。

尽管如此，我们还是能探究《日本书纪》对原诏进行润色的意图所在。《改新之诏》中最明显经过《大宝令》用语润色的语句，有表示行政单位的"郡"，以及表示田地面积单位的"町段步"。与《改新之诏》同属孝德天皇时期的文献中，"郡"被写作"评"（读音同为"kori"），"町段步"则被写作"代"。"评"与"代"是被日本定位为朝贡国的朝鲜各国使用的地区行政及面积单位，由此可见，7世纪的日本社会受到朝鲜各国的影响较大。当时尚未形成可号称"东夷小帝国"的律法制度。

然而，《日本书纪》记录的《改新之诏》中，却把"评"和"代"这些基于朝贡国制度的行政地区及田地面积单位抹消，变更为"郡"和"町段步"。有趣的是，《大宝令》以后的国郡制及町段步制，都与唐朝的州县制及顷亩制有所不同。可见，《日本书纪》的《改新之诏》与中国已存在不同之处，或者更应该说，它提示了日本不同于东亚其他国家的独特改革方案，说明它是一个可与中国比肩的法治国家的源头（吉村武彦「大化改新詔に関する覚書」）。

迁都难波与地方支配

《改新之诏》颁布前一年的十二月，大和王都迁至难波。一开始暂用了已经建在难波的子代离宫和小郡宫，最终迁至白雉三年（652）完工的难波长柄丰碕宫。《日本书纪》中仅对迁都一事有所提及，并未详述王宫构造。不过考古发掘调查已经查明了该王宫较为清晰的构造，那就是如今大阪市中央区的前期难波宫遗迹（图4-2）。

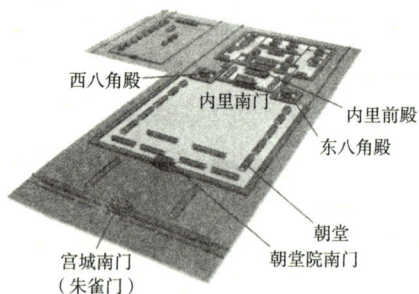

图4-2　前期难波宫复原模型（大阪历史博物馆藏）

后来修建的藤原宫、平城宫，其朝堂院皆为东西各六堂，合计十二堂。可是这座前期难波宫如复原图所示，为东西各八堂，合计十六堂的建筑形式。不过，前期难波宫以后的飞鸟王宫，直至藤原宫之前，都不存在"朝堂院"这一部分。因此，前期难波宫便具有了特殊意义，其理由只能从当时史料中进行推断。首先来看记载了小郡宫礼法的部分：

四　大化改新——苏我氏本宗的灭亡

> 天皇，处小郡宫而定礼法，其制曰：凡有位者，要于寅时，南门之外，左右罗列，候日初出，就庭再拜，乃侍于厅。若晚参者，不得入侍。临到午时，听钟而罢。其击钟吏者，垂赤巾于前。其钟台者，起于中庭。
>
> （大化三年是岁条）

小郡宫礼法规定，有位者（拥有位阶之人）必须于寅时（凌晨3~5时）在王宫南门外左右列队，待日出后入庭（朝庭，即后来朝堂院的广场）再拜，然后再到厅舍奉公，迟到者不准入内。文中虽然没写"每日"，但凡是政务之日都要按照礼法行动。为此，王宫就需要有一定面积来容纳朝庭及厅舍。目前虽未发掘到小郡宫遗迹，但前期难波宫正符合这一形式。

既然王宫构造如此，那么全国行政区划又如何呢？《改新之诏》设置了"畿内国"与"郡"。这里所谓的畿内国，与律令制的四畿内（大和国、河内国、山背国、摄津国，加入后来的和泉国，则有五畿内）划分原理有所不同，是东及名垦横河，南至纪伊兄山，西接赤石栉渊，北邻近江狭狭波合坂山的国。而难波宫则正位于其中心。

与畿内国同时设置的还有"郡"。不过，郡的名称其实来自《大宝令》，这一行政区划在当时被称作"评"。

根据《常陆国风土记》记载，评制的实施始于大化五年（649），可以认为，孝德朝在全国范围内设置了评。《改新之诏》规定的税制单位为五十户，因此，以五十户为单位对百姓进行管理的制度（五十户制），很可能始于孝德朝。这个五十户后来又被称作"里"。目前出土了《飞鸟净御原令》实施以前，制作于天智四年（665），记有"五十户"字样的木简。

由此可见，改新政权先在难波修建王宫，继而在全国设置推行"评"这一行政区划。另外，孝德虽终生以难波宫为王宫，但白雉四年（653），太子中大兄曾提议还都飞鸟。遭到孝德拒绝后，中大兄便携皇极和孝德皇后返回飞鸟河边行宫。此时，孝德与中大兄之间的不和正式公开化了。

社会风俗改革

孝德朝的改革中，比较值得注意的是大化二年三月诏书中涉及的社会风俗改革。诏书的大致内容如下：

（1）规定天皇到庶民的墓室、坟丘等规格（《大化薄葬令》）。

（2）针对结婚、离婚等婚姻制度及旧俗的修正。

（3）废除各地集市管理者（市司）与交通要塞

的河川渡口（津济）的手续费用。

（4）规定农忙时期耕作田地时，禁止"美物（肴）与酒"（鱼和酒）。

与《改新之诏》不同，此诏书中可以窥见中国父权家长制的影响，同时也体现了当时人们生活的一些实态。

（1）包含了殡葬制和殉葬禁制。造墓的限令一般被称为《大化薄葬令》，其实效性存在许多疑点。但是从长远来看，不可否认它体现了包含天皇陵在内的薄葬趋势。（2）到（4）则更多为不同集团成员间利益纠纷的问题。这些也与氏族问题相关联，但其前后的史实并不明确。

一直关系到后世的内容是（4）里面的"凡始畿内及四方国，当农作月，早务营田，不合使吃美物与酒"。[①]这一史料所规定的并非屯仓附属田地之经营，而是普通百姓日常农业活动的方式。

这条法令鼓励人们在农忙时期勤于田地耕作，禁止田夫（农民）在那段时期内享用佳肴美酒（鱼和酒）。从这条禁令可以看出，农忙时期的耕作已经不再实行共同体的共同劳动，而受到了家产多寡的影响。换言之，当时的农业经营已经不是集体经营，而是个体经营。

---

① 《日本书纪》大化二年三月甲申条。

而且，在农忙时期耕作劳动力的组织方面，能够提供更多鱼和酒的人，会更容易募集到农夫，因此个体经营者的财力产生了决定性影响。该规定便是为了禁止那种行为。这种禁止鱼酒型劳动的禁令，在后来的嘉祥二年（849）也曾出现（石川县加茂遗迹出土加贺郡榜示牌）。禁制一直持续到9世纪中期，可见民间习惯很难改变。

旧俗亦被称为"愚俗"，诏文内容展现了改变旧有习惯的新尝试，是朝廷引进新礼制的重要措施。如此一来，孝德朝对婚姻形式到农忙时期的农耕作业都进行了详细的律法规定，以期改革社会习俗。然而，其结果是否顺利，目前尚不明确。

苏我仓山田石川麻吕与山田寺

在孝德朝进行的一系列改革中，苏我氏起到了什么作用？苏我仓山田石川麻吕（以下简称石川麻吕）以右大臣身份参与了改新政权，孝德天皇传诏左右大臣曰，"当遵上古圣王之迹，而治天下。复当有信，可治天下"（大化元年七月条），可见其合力施行政策的态势。

大化四年（648）四月，孝德朝废古冠（推古朝的冠位十二阶制），施行前一年制定的七色十三阶冠制。然而，石川麻吕和左大臣阿倍内麻吕（仓梯麻吕）都维持了古冠。

这就意味着，左右大臣并未被纳入孝德朝的新冠位制，而被置于该体制之外。换言之，他们并未被完全整合到改新政权的新体制中。这就孕育了"分裂的苗头"。顺带一提，直到两人死后，左右大臣才被编入冠位制。大化五年（649）四月，小紫巨势德陀古（德太）获授大紫，任左大臣；小紫大伴长德（马饲）获授大紫，任右大臣。经过这番变动后，左右大臣才被纳入冠位制。

授冠的一个月前，即大化五年三月，阿倍内麻吕去世。七日后，石川麻吕的异母弟日向（身刺）向中大兄进谗言："石川麻吕疑似谋反。"中大兄信以为真，与孝德一同逼问，迫使石川麻吕在山田寺自尽，其妻儿亦殉死。家中残存者皆被绞杀或流放。但没收而来的资财中，宝物等皆被记为中大兄之物，这显示了石川麻吕的进贡意图，其谋反嫌疑因此被洗清。后来，苏我日向被左迁为筑紫大宰帅（或为管辖筑紫全城的大宰长官，后来的大宰府长官）。

这种记述是否能够全盘按照字面理解，还存在一定疑问。因为石川麻吕之女满智娘是天智妃，两人之女鸬野皇女又是天武妃，后来又即位为持统天皇。另外，天智妃的侄女又生下了阿闭皇女，也就是文武天皇的母亲（元明天皇）。由此可以推测，《日本书纪》关于石川麻吕的记载，可能加入了一些修饰（吉川真司『飛鳥の都』）。可

以肯定的是，石川麻吕因为异母弟的言行，被逼到了自杀
的境地。可见，苏我氏本宗灭亡后，同属旁系的石川麻吕
兄弟之间也存在意见冲突。

关于石川麻吕选择自尽的山田寺（法号净土寺），
《上宫圣德法王帝说》之"里书"对堂塔修建有所记载，
可以明确其历史。该寺始建于舒明十三年（641）；皇极
二年（643）金堂完工；大化四年（648）僧众入住，想
必此时金堂与僧坊都已修建完成。翌年，石川麻吕自尽。
其后的天智二年（663），佛塔建成；天武二年（673），
塔心柱设立；天武五年（676），露盘（相轮）被奉至塔
顶。天武七年（678），丈六佛像铸造完成；天武十四年
（685），佛像开光。从动工到完成，一共花费了四十四
年，其中石川麻吕的外孙女持统天皇最为尽心尽力（『山
田寺』）。

丈六佛像的佛头现在成了兴福寺的本尊（相传为兴
福寺的僧人带回了山田寺的佛像）。此外，相传法隆寺所
纳宝物阿弥陀三尊像（东京国立博物馆藏）亦来自山田
寺。10世纪末到11世纪前半期，山田寺东面回廊倒塌。
发掘调查结果表明，该区出土了连子窗和瓦（图4－3）。
目前飞鸟资料馆正在展出山田寺复原模型，可看见当时回
廊的情况。另外，在12世纪后半期金堂及佛塔被烧毁之
前，山田寺一直延续着命脉。

图4-3　山田寺的连子窗

3　残存的苏我氏旁系——7世纪后半期的苏我氏

齐明女帝的重祚与赤兄

白雉五年（654），孝德天皇孤独病死在难波宫。皇极女帝"重祚"为新天皇，即齐明天皇。重祚是指已让位的天皇重新即位，皇极女帝的重祚乃日本史上首例。

孝德天皇有一子，名为有间皇子，但当时只有十六岁左右，实在太年幼。中大兄又只有三十岁左右，应该也被认为过于年幼。但是齐明天皇即位后，中大兄继续以太子身份参与政务，所以也有说法称，他更重视太子地位。巨势德太继续担任左大臣，但在齐明四年（658）去世。

苏我氏的兴亡

齐明三年（657），有间皇子"阳狂（佯装狂人）"，前往纪伊的牟娄温汤（今和歌山县白浜町的温泉），称赞牟娄之地曰："才观彼地，病自消消。"翌年，齐明行幸受到国赞的牟娄温汤，在此期间，留守官苏我赤兄向有间皇子提出了"齐明政事三失"：

（1）大起仓库积聚民财。

（2）长穿渠水损费公粮。

（3）于舟载石运积为丘。

有间皇子误认为赤兄表露出了支持自己的意愿，回答说："吾年始可用兵时矣。"然而，那只是苏我赤兄对有间皇子的"擒掇"。后来，有间皇子在皇子宫遭赤兄围捕，然后被押送至牟娄温汤接受质问；最后，又被送至藤白坂（今和歌山县海南市藤白附近）遭到绞杀。

《日本书纪》引用的"或本"等记载道："有间皇子，与苏我臣赤兄、盐屋连小戈（鲦鱼）、守君大石、坂合部连药、取短籍（或为木简）卜谋反之事。"文中表达了有间皇子有谋反之意，然而，这极有可能是赤兄察觉皇子谋反之意后，故意陷害所致。

另外，上文"齐明政事三失"所说的土木工程实际存在的可能性很大。齐明曾被评价为"好兴事"（齐明二年是岁条），她在香具山西侧挖了一条通往石上山的大渠，被称为"狂心之渠"。石上山指的是奈良县天理市石上山，齐明便在石上到香具山西侧之间挖掘了大渠，修建石墙，还堆造了石丘。这些石墙和石丘无疑与明日香村大字冈的酒船石遗迹相关联，因此这一叙述应是事实。

除此之外，齐明朝还兴起了苑池等大规模的土木工程，目前，石神遗迹第一期就被认为是齐明朝的遗迹。此外，齐明六年（660）中大兄所造的漏刻（水时钟，图4-4）在飞鸟的水落遗迹被发现。由此可见，齐明朝还修建了附属于王宫的苑池和庭园。

图 4-4 中大兄所造水时钟复原图

苏我氏的兴亡

齐明六年（660），新罗－唐联军灭亡百济的消息传到日本。其后，百济遗臣鬼室福信提出了援助百济与让身在倭国的百济王子余丰璋归国的请求。齐明天皇开始组织援军，并于齐明七年（661）经濑户内海向西，在博多湾娜大津（那津）上岸，迁至朝仓橘广庭宫。然而齐明不久后便在朝仓宫突然驾崩，继而由中大兄称制（在没有正式即位的情况下执掌朝政）。

天智天皇即位

天智元年（662），中大兄拥护余丰璋继承百济王位，并送其归国。百济虽一直以来都被定位为朝贡国，但其国王在日本即位还是头一次。考虑到日本干涉了百济的王位继承，这一事态恐怕可称为古代的帝国主义。天智二年（663），为支援百济，日本朝廷整合前、中、后将军，令其率领三军"二万七千人"前往百济。然而，此时余丰璋在百济杀死鬼室福信，引起各种内部纠纷，最终导致倭－百济联军在白村江之战中惨败于唐－新罗联军。

在白村江之战中惨败的倭国为抵御敌军来袭，从天智三年（664）开始，分别在对马、壹岐、筑紫设置了防人与烽火台；翌年又在九州大野、椽（基肆）及长门修筑了朝鲜式山城。此外，《日本书纪》中虽无记载，但肥后

的鞠智城（今熊本县山鹿市、菊池市）等都极有可能是
在这一时期修建而成的。

天智六年（667），中大兄迁都大津。这一年，朝廷
修建了大和高安城、赞岐屋岛城和对马金田城。基本上可
以将这段时间理解为对外危机持续不减的时期。因此，迁
都这一行为本身可能也具有防御性质。

天智七年（668）正月，中大兄正式即位为天智天
皇。《日本书纪》记载了同年二月的后妃之事。除立倭
姬（古人大兄之女）为皇后外，天智天皇还分别封苏我
仓山田石川麻吕和苏我赤兄两人之女为嫔。赤兄之女名
为常陆娘，生下山边皇女。山边皇女是大津皇子（天武
天皇之子）之妃，后来在大津皇子被疑谋反而自尽时殉
死。

这样看下来，可见赤兄与中大兄关系亲密。关于
"撺掇"有间皇子一事，且不论是否有中大兄的直接指
示，当中都存在赤兄考虑了其意愿的可能性。

赤兄成为飞鸟留守官后，于天智十年（671）任左大
臣，时年四十九岁，由此可推断他生于 623 年。自壬申之
乱被流放后，赤兄就再也没在《日本书纪》中登场了。

大臣连子

在这一连串事件中，《日本书纪》天智三年（664）

五月条还记载了"大紫苏我连大臣薨"。也就是说，苏我连（下称连子）被授予大紫（大化五年、天智三年冠制的第五等）冠位，在大臣位上去世。连子是马子之孙、雄当之子，相传还是石川麻吕之弟、赤兄之兄（参见图3-8）。《续日本纪》天平宝字六年九月乙巳条所记石川年足薨传中提到："年足者，后冈本朝大臣大紫苏我臣牟罗志曾孙。"《公卿补任》天智天皇条又记载："元年，（以连子）为大臣如故。"《日本书纪》中虽未提及，但实际上，连子自齐明朝起便官至大臣。他或许是齐明四年（658）去世的巨势德太的后任者（日本古典文学大系『日本書紀』下頭注）。德太死后，朝廷左右大臣皆无，连子可能因此被称为大臣。《扶桑略记》记载连子享年五十四岁。若这一数字正确，则可推断他出生于611年。

遗憾的是，有关连子的记载只能在薨传和谱系中看到，详细情况不明。他的名字"连"应与后来藤原不比等（史）将其田边史的可婆根姓（史）用作名字一样，取自养育自己的氏族的可婆根姓。可选的氏族有大伴连、中臣宫地连、额田部连氏，实际情况则无从得知。连子之"子"为尊称。

大友皇子与大海人皇子

天智十年（671）正月，天智天皇任命大友皇子为太政大臣，苏我赤兄为左大臣，中臣金为右大臣；另任命苏我果安、巨势人、纪大人为御史大夫。所谓御史大夫，相当于后世的大纳言。这是一个以天智为首，由大友皇子统率的政治体制。可以认为，天智当时已经有意将皇位传给大友。另外，天智朝还设立了法官（后来的式部省）、理官（治部省）、大藏（大藏省）、兵政官（兵部省）、刑官（刑部省）、民官（民部省）六官。部分观点认为那是"近江令体制"，但当时《近江令》应该尚未成为有体系的法典，充其量只是各种单行法令的集合。

大友皇子是天智与伊贺采女——宅子娘所生之子。他母亲是采女，故身份为"卑母"。但是根据《怀风藻》记载，大友皇子的性格如下：

年甫弱冠（二十岁），拜太政大臣，总百揆以试之。皇子博学多通，有文武材（才）干。始亲万机，群下畏莫不肃然。年二十三，立为皇太子。

可见他是一个精通文武之道、博学多才的人。

与此同时，《日本书纪·天武即位前纪》这样评价了天智之弟大海人皇子：

生而有岐嶷之姿，及壮雄拔神武，能天文遁甲。

苏我氏的兴亡

可见，他也是一位能力优秀的人物。《日本书纪》将他记为"大皇弟（皇大弟）"，亦称其为"东宫大皇弟"（天智八年十月条）。若这些记载正确，那他便是天智朝的东宫（太子）。天武即位前纪中也提到，他在天智即位那年（668年）被封为东宫。然而也有观点认为，为了使他在壬申之乱中与大友统率的近江朝廷对抗之举正当化，后来才将大海人记为太子。

如上文所述，此时的皇位继承制为两制并行：（1）兄弟继承制；（2）大兄制（井上光貞『天皇と古代王権』）。所谓大兄，就是天皇或有望成为天皇之人的长子，因此（2）被应用在了代际继承的场合。比如钦明之后，其子敏达（钦明与石姬所生皇子，但是其兄箭田珠胜大兄已经去世）即位；接下来是用明（钦明与坚盐媛所生皇子）、崇峻（钦明与小姊君所生皇子），即位者皆为敏达的异母兄弟。另一方面，那一时期又出现了如苏我氏本宗那般重视直系传承的社会风潮。

在唐的影响下，律令统治的构想在天智朝成为可能（根据《近江令》中的观点，此时已经实现了令制支配）。律令法中虽不包含约束皇位继承等王权的法令，但相传为天智朝制定的"不改常典法"，则被认为是规定了直系皇位传承的法令。若重视传统习惯，天智之后应为大海人即位；与之相对，"不改常典法"则使大友变为更有力的继承者，只是他当时年纪尚轻。

对苏我氏来说，即位之争应该关系到了自身利害。乙巳之变时，本宗家虽然灭亡，旁系的石川麻吕却支持了中大兄。右大臣石川麻吕因谗言自尽后，其弟连子又被任命为齐明、天智两朝的大臣，随后赤兄也被任命为左大臣。既然大友皇子被任命为太政大臣，想必苏我氏落到了不得不支持大友的立场上。

壬申之乱

天智十年（671）九月，天智病倒（"或本"也称八月）。十月中旬，天智病情加重，传大海人入宫交代后事。事前被苏我安麻吕提醒过的大海人称病固辞，并提议由皇后即位，大友皇子执政；随后又请求为天皇而出家修道，并获得了天智准许。很快，他便在内里佛殿南侧剃发为沙门，其后，又获得天智准许到吉野修行，出发前往吉野。

左大臣苏我赤兄、右大臣中臣金及大纳言苏我果安等人从近江宫送大海人至菟道。众人一路疾行，在嶋宫停留一晚，第二天便到达吉野。书中记载其行动如"虎着翼放之"，可见大海人这边的危机感也十分强烈。

近江朝廷一侧，大友皇子于翌年十一月召集左大臣苏我赤兄、右大臣中臣金、苏我果安、巨势人、纪大人来到内里西殿的织佛像前。在那里，大友手执香炉立下盟誓：
"六人同心奉天皇诏，若有违者必被天罚。"[1] 接下来，赤
兄手执香炉，立下誓言称，"臣等五人随于殿下奉天皇
诏"，若不遵守誓言，则"子孙当绝家门必亡"。随后，
五人又择日在天智面前宣誓要团结一致。

就这样，群臣以赤兄为中心，事实上为大友即位而宣
誓结盟。然而不可忘记的是，苏我氏内部还存在苏我安麻
吕这样支持大海人的人物。安麻吕是连子之子，连子死
后，他对叔父赤兄并非完全言听计从。

十二月，天智死于近江宫。大津宫的大友并未举行正
式即位仪式，而是直接掌控了政务，属于事实上的称制。
其父天智在即位前，以太子身份执政了整整六年，而为父
亲服丧期间，大友无法举行即位仪式。

天智去世前的十一月，"对马国司"遣使到筑紫大宰
府传达消息称，唐使者郭务悰等六百人、送使沙宅孙登等
一千四百人，共两千人分乘四十七艘船停泊在比知岛。这
一情况想必年内就被传达到了近江朝廷。因此，朝廷一方
不得不同时应对国内外的事务。

翌年五月，大海人皇子从舍人处听闻了近江朝廷的政
治动向，决意离开吉野前往东国。当时他已经来到吉野半

---

① 《日本书纪》天智十年十一月条，下同。

年了。六月二十四日，大海人皇子逃离吉野进入东国。二十五日与近江的高市皇子、二十六日与大津皇子会合。《日本书纪》还记载，近江朝廷在这段时间前后得知这一消息。这便是壬申之乱的开端。

近江一方有左大臣赤兄、大纳言苏我果安，两人遵从曾经立下的盟誓，与大友紧密团结在一起。臣下进言："迟谋，将后。不如急聚骁骑乘迹而逐之。"大友并未听从，而是派遣使者前往东国、倭京、筑紫。他动用国家机关采取了正面进攻的策略。然而不得不说，最终结果证明，这样的首战对策实在不够充分。当然，首战并未定下胜负，最终，控制了美浓、尾张等东国地区的大海人一方在战略和战术上显现出优势，并在大伴氏的支援下获得了胜利。

在此期间，近江一方的苏我氏又采取了什么行动呢？关于赤兄，直至七月二十二日的近江濑田桥决战之前，都不存在相关史料。不过当时左右大臣想必都在近江与大友共同行动。二十三日，大友被逼上绝路，于山前自尽，左右大臣皆逃亡。但是，他们在二十四日便被抓住了。

另外，大纳言果安在七月二日之前，一直与山部王、巨势比等（亦称巨势人）等人攻打不破。然而不知为何发生内讧，果安与比等在犬上川岸边杀死了山部王。最后，果安撤回驻地自杀。

八月二十五日，大海人通过高市皇子宣布了对近江群臣的判决。右大臣中臣金被斩杀；赤兄、比等及其子孙，以及果安之子被流放。最终，苏我氏男系就只剩下了连子的子孙。

4 石川氏的活跃

大海人皇子即位

大海人皇子在壬申之乱中获胜后，于净御原宫即位为天武天皇，封其妃鸬野皇女为皇后。另外，他还与赤兄之女太蕤娘结婚，生下穗积皇子和纪皇女、田形皇女。赤兄的子孙虽被流放，后妃却免于刑罚。庆云二年（705），穗积还被任命为知太政官事，想必深受天武系天皇的信任。

天武即位后，没有任命太政大臣和左右大臣，而是实行了天皇亲政。他重用草壁皇子、大津皇子，以及天智之子川岛皇子等皇族，开始了皇亲政治。现在普遍认为，第一个使用天皇作为君主称号的日本国王就是天武。天武通过白村江之战认识到，王朝与国家终有灭亡之日。此外，他又在壬申之乱中获得了军事上的胜利。其结果被他总结为这样的历史认识："凡政要者军事也。"（天武十三年闰四月条）就这样，天武成了一名专制君主。

此外，他又规定了畿内贵族的官人出仕法，制定官人考核及选叙规则。天武朝实施的这些基本政策在后世将发展为律令官人制。可见，这种根据法律进行国家统治的进步，影响到了后世律令法的制定。天武十年（681），天武还下诏曰："朕今更欲定律令改法式。"

连子的子孙

那么，苏我氏一系的氏族在天武朝又有何动向？此时残存的都是连子一系的子孙。如上文所述，天智传大海人至近江宫大殿时，安麻吕因内心支持大海人，便将天智一方的危险盘算告诉了他。可是《日本书纪·天智天皇纪》中并不存在相关记载，天武天皇纪也从未提及安麻吕。与赤兄等人在天智朝的活跃相比，安麻吕显然过于年轻而平庸了。天武即位后，他在皇亲政治体制下亦未表现出特殊动向。

不过，左大弁从三位石川石足的薨传中记载道："淡海朝大臣大紫连子之孙。少纳言小花下安麻吕之子也。"（《续日本纪》天平元年八月丁卯条）这段话可见"少纳言小花下"的官职、位阶。然而这样很难解释。小花下是大化五年（649）冠位十九阶的第十阶，但这个冠制只持续到天智三年（664），若这是安麻吕的最高位阶，则时间对不上号。由于花冠与锦冠容易混淆，也有人推测那是"小锦下"的笔误（新日本古典文学大系『続日本書紀』補注）。若按照这个说法，那他就是664年冠位二十六阶的第十二阶。但是，少纳言这个官职名要到持统朝的《净御原令》（689 年）以后才出现，当时已经不是"小花"或"小锦"位阶，而是"直"位阶时期。也就是说，少纳言与小花下两者不可能同时存在。为此，也有观点认为，因为安麻吕帮助大海人进入大殿，后世人便在记述中使用了少纳言的官职对其进行润色（同前）。虽然解释安麻吕的身份比较困难，但可以认定，连子的子孙依旧走在仕途之上，而且与天武也保持着良好关系。

改姓石川与藤原氏

连子之孙、安麻吕之子石川石足已经冠上了"石川"之姓。然而，《日本书纪》中并没有直接关于苏我改姓石川的记载。不过天武十三年（684）制定了"真人、朝臣、宿弥、忌寸、道师、臣、连、稻置"八色姓，其后赐姓朝臣时，出现了"石川臣"之名。另外，持统五年（691）十八氏墓记（或为记录各氏族侍奉天皇情况的书籍）被过献之时，其中亦可见石川氏之名。

苏我改姓石川应该发生在 684 年以前。这个石川如上文所述，是以河内石川之地为名（本书第 63 页）。

苏我氏为何要改姓石川氏？恐怕是为了摆脱苏我氏在乙巳之变与壬申之乱中与王权对立的负面印象。然而改姓需要有一定缘由，这个缘由的线索，就在藤原氏。

天智八年（669）十月，天智遣大海人皇子至中臣镰足私邸，授大织冠与大臣位，同时还"赐姓为藤原氏"。也就是说，天皇向镰足赐予了"藤原"之姓（第五章详述）。

但是文武二年（698）八月又有诏曰："藤原朝臣所赐之姓，宜令其子不比等承之。但意美麻吕等者，缘供神事，宜复旧姓焉。"[①] 这里所说的藤原朝臣就是中臣镰足，但是天武十三年（684），镰足一族的中臣连被改姓为中臣朝臣，因此藤原氏应该也被改姓成了藤原朝臣。这个藤原之姓仅限于不比等一系，意美麻吕则因执掌神事职务，被改回了原本的负名氏中臣姓。中臣氏的谱系虽不能保证完全正确，但大致如图 4-5 所示。

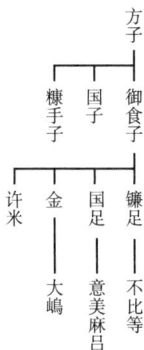

图 4-5　中臣氏谱系

---

① 《续日本纪》文武二年八月丙午条。

苏我氏的兴亡

其中，意美麻吕和大嶋也被记为藤原朝臣。可见，针对镰足的藤原赐姓，也覆盖到了其他中臣系的氏族。但是在持统四年（690）的持统即位仪式，以及翌年的大尝祭上，大嶋以神祇伯身份宣读天神寿词时，其名称又变成了"中臣朝臣大嶋"。因为在以负名氏身份进行的活动中，必须使用中臣姓。到文武二年（698）以后，藤原姓的使用就仅限于不比等一系了。其结果就是，中臣氏中出现了更多担任神祇官职务的人，因此被评价为负名氏的复活。

反过来说，将藤原氏限定为不比等一系后，这个家系就得以从中臣氏这一负名氏的框架中脱离出来。其后，不比等成为刑部省判事（《日本书纪》持统三年条），以官人身份活跃在政界。像这样，天智朝、天武朝又诞生了新的姓氏（氏族）。那么，苏我氏的改姓，可能也与这样的时代风潮相关。

无须赘言，苏我氏是源自地名的氏族，并非负名氏。该氏族将自身联结到建内宿弥谱系上，宣誓如建内宿弥一般侍奉天皇，以此体现自己是忠臣。此外，这个氏族名称又与相应土地的支配和统治密切相关（本书第66~70页）。苏我氏的名称同时具备这些属性，然而通过改姓石川氏这一举动，使得氏族得以从旧框架中脱离出来。后来，石川氏也与藤原氏一样，作为律令官人活跃在政界。

物部氏与改姓石上

然而，曾经担任大臣、大连，后来又灭亡的氏族，除了苏我氏之外还有大连物部氏。另外，钦明朝的大连大伴金村实际也是政治上的落败者。大伴氏与苏我氏、物部氏并称大化之前的"三大雄族"（高島正人『奈良時代諸氏族の研究』）。孝德朝大化五年（649）四月，大伴氏的大伴长德（马饲）被任命为右大臣。此外，大伴马来田与大伴吹负两兄弟也在壬申之乱中相当活跃，并成为大海人最终胜利的要素之一。由此可见，虽然金村倒台了，但大伴氏并没有灭亡。在奈良时代，除出任大纳言的安麻吕和旅人之外，编撰了《万叶集》的家持也相当活跃。

那么，与苏我氏一样在斗争中被打倒的物部氏又如何？用明二年（587），大臣马子杀死守屋，导致物部氏灭亡。在其后的推古朝，隋朝使者裴世清被传至小垦田宫时引路人中可见物部依网连抱（推古十六年八月条），以及以副将军身份参与征讨新罗的物部依网连乙等（推古三十一年是岁条）之名。此外，孝德朝还可见"东国国司"之一、物部系的朴井连（大化二年三月条），以及壬申之乱的功臣朴井连雄君（物部连雄君）。然而，其中并没有出现被任命为大连的人物。

物部氏自石上麻吕开始改姓为石上氏。天武元年

（672）七月，麻吕作为陪伴大友皇子到最后的舍人，以"物部连麻吕"之名登场。他获赦之后，于天武五年（676）出任天武朝的新罗大使，天武十年（681）叙位时，名称还是物部连麻吕。天武十三年（684）有个获赐可婆根姓"朝臣"的氏族名为"物部连"。然而，朱鸟元年（686）天武去世，群臣在殡宫哀悼时，他的名字却变成了"石上朝臣麻吕"。因此，物部应该自684年以后就改姓成了"石上"。他去世时官居"左大臣正二位"（《续日本纪》养老元年三月条）。

石上以物部氏籍贯地石上为姓，不过在持统四年（690）持统即位仪式上，却以"物部朝臣麻吕"之名竖起了大盾①。也就是说，他以"物部"这个负名氏的形式参与了即位仪式这样的活动。这点与中臣大嶋一样。换言之，物部氏也始终没能彻底摆脱传统的物部氏职能。

石川麻吕一系的女性

那么，石川氏的情况究竟如何？此处且列举出与石川氏相关的谱系（图4-6）。

---

① 根据《古事记》《日本书纪》的记载可知，盾作为古代祭祀用品，与旗、矛共同用于神坛前或宫殿前的装饰。

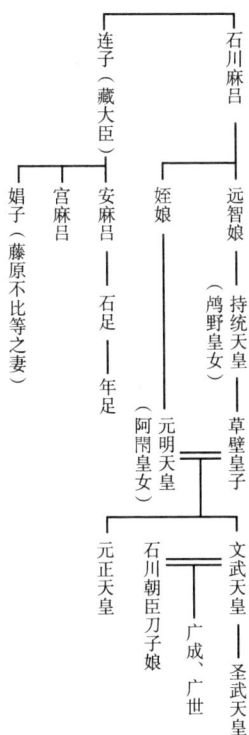

图 4 −6　石川氏相关谱系

　　如上文所述（本书第 141 ~ 142 页），被逼上自尽绝路的石川麻吕的女儿生下了后来的女天皇。首先，他的女儿远智娘与姪娘被封为天智的嫔。然后，远智娘生下了后来成为天武皇后的鸬野皇女（后来的持统天皇），姪娘生下了阿闭皇女（后来的元明天皇）。如谱系所示，鸬野皇女生下草壁皇子，草壁与阿闭皇女结婚，生下文武、元正两天皇。

　　另外还有被封为文武天皇之嫔的石川朝臣刀子娘。遗憾的是，关于她的谱系尚属未知。有趣的是，从文武死后（707 年）到 713 年之间，她与同为嫔的纪朝臣灶门娘一道被剥夺了嫔号。刀子娘为文武生下了广成、广世两兄弟。由于被剥夺嫔号，两兄弟也脱离皇籍，随母姓"石川朝臣"，不久后又被改姓为高圆朝臣。脱离皇籍一事并未收录在《续日本纪》等文献中，但在国史记载中，文武之子唯有首皇子（后来的圣武天皇）一人。有观点认为，这一事件可能是不比等与县犬养宿弥三千代的阴谋，目的是立首皇子为太子（角田文卫「首皇子の立太子」）。

　　像这样，石川麻吕一系的女性在 8 世纪前半期的日本政界具有极大影响力。从史料中无法看出她们如何对待石川氏，只能从每一时期的政治形势来进行判断，但想必石川氏的活跃是难以否定的。

石川年足的墓志

　　奈良时代的石川氏，在天平二十年（748）三月年足（从四位下）被任命为参议（在太政官参与议政的令外官职）之前（除权参议以外），并没有人升任议政官。在此期间，宫麻吕虽然升格到了从三位，却并非参议。年足去世后［762 年，官居正三位御史大夫（大纳言）］，丰成

（772 年卒，官居中纳言）被任命为参议。另外，宝龟九年（778）二月，名足（788 年卒，官居中纳言）得到任命；延历九年（790）二月，真守（798 年卒）也得到任命。由此可见，8 世纪后半期，石川氏有数人被任命为参议，但是自真守以后，就再也无人得到任命。

此外，年足还留下了一份墓志。该墓志于文政三年（1820）出土于今大阪府高槻市荒神山，据推测，它原本应放置在收纳火葬骨灰的木柜之上。根据墓志记载，年足是石足长子，任御史大夫、正三位、兼行神祇伯。他于平成（城）宫御宇天皇（淳仁天皇）治下的天平宝字六年（762）在平城京自宅中去世，享年七十五岁；十二月葬于摄津国岛上郡白发乡（后真壁乡）酒垂山（今荒神山）墓中。《续日本纪》薨卒传评价道："率性廉勤，习于治体（天生清廉勤勉，惯于治理）。起家（出仕）补少判事（刑部省官人），频历外任（历任国司）。"

这份墓志中记载年足为"宗我（苏我）石川宿弥命十世孙"，可见石川朝臣以苏我石川宿弥为始祖。另外，年足还传下了现藏于京都高山寺的《佛说弥勒上生经》，可见其笃信佛教。

五 从苏我氏到藤原氏

1 藤原氏的诞生与不比等——脱离负名氏

藤原氏的诞生

如果说大化前代权倾一时的氏族是苏我氏，那么，掌握了奈良、平安时代霸权的氏族便是藤原氏。本章将对藤原氏诞生的历史进行一番回溯。

前章已经提到，藤原氏的诞生以中臣镰足获天智天皇赐姓为契机。天智八年（669）十月十五日，镰足去世前一天，天智派遣大海人皇子来到镰足私邸，传达了天皇旨意："授大织冠与大臣位，仍赐姓为藤原氏。自此以后，通曰藤原内大臣。"（天智八年十月庚申条）

实际上，要解释这一史料并非那么简单。可以确定，镰足个人确实冠了藤原氏之名，但《日本书纪》并未提及这一名称是否延及子孙。镰足之子不比等要到《日本书纪》持统三年（689）条记载的"藤原朝臣史"才首次登场，因此确切地说，不比等是否从一开始就使用藤原这一氏名，无从确定。在此期间，镰足死后，中臣氏一族陆续在史料中留下了"中臣连金"（天武即位前纪、元年八月条）、"中臣连大嶋"（天武十年三月条至天武十二年十二月条）等"中臣"之名。然而，到了天武十四年（685），大嶋却被记为"藤原朝臣"。

这一情况在研究史上引发过许多议论，从镰足家产，包含"藤原之第（宅邸）"都由子孙继承的情况来看，藤原姓应该也被不比等继承了（中村英重『古代氏族と宗教祭祀』）。但是，从中臣金与忠臣大嶋这两个人物来看，藤原姓并未延及全族。赐姓扩大到中臣氏一族，恐怕是在天武十三年（684）制定"八色姓"以后。不过，即便说扩大到全族，范围也仅限于镰足堂兄弟一系而已。另外，"八色姓"中还有需要注意的地方：虽然连姓普遍被改姓为宿弥，"连"姓的中臣却被赐姓了普遍给予"臣"姓系统的"朝臣"。如此特殊的氏族除中臣连氏以外，只有物部连氏。至于不比等，恐怕是从藤原连被改姓成了藤原朝臣。

这个"藤原"来自氏族根据地的地名。《藤氏家传》中记载，镰足生于"藤原之第"，即"藤原"这个地方。《多武峰杂记》中可见"大原藤原之第"的记载，因此有

苏我氏的兴亡

人认为，大原与藤原是同一个地方。但那是 15 世纪的书籍，存在一定疑问。《藤氏家传》中另外还记载了"大原之第"，可见将藤原与大原区分开来较为妥当。至于藤原的详细位置，应该是大和国高市郡藤原。在后来的藤原京时代，不比等于藤原宫东部修建了宅邸，因此被称为"右大殿"（市大樹「右大殿付札考」）。

就这样，镰足、不比等便脱离了中臣这一"负名氏"，改为以地为名。这就意味着，他们不再与负名氏承担的职能有关系，能够进一步开拓人生。天智朝提出律令政治的构想后，天武朝开始制定律令制统治的具体方案。从后述的情况来看，不比等的目标是通过律令法对日本国进行新的规划。

藤原赐姓的意义可以从庆云四年（707）四月文武天皇的宣命中看出来。宣命目的就在于彰显不比等曾经侍奉历代天皇的功绩。文中提到："汝藤原朝臣侍奉之状，不在只今。宜勤奉天皇世世代代而仕。"[①] 天皇要求不比等从现在到未来始终忠心侍奉。宣命中亦有将其父镰足与建内宿弥相对照的内容，将获赐大臣位的镰足等同于臣系大臣对待。此时，他们作为负名氏之中臣氏的内涵已经彻底不存在了。

---

① 《续日本纪》庆云四年四月壬午条。

不比等的诞生及其家系

不比等之父镰足与车持君与志古娘生下了长子真人和不比等两个孩子（『尊卑分脉』，亦有其他说法）。真人年少出家，法号定慧（一说为贞慧）。白雉四年（653）以学问僧身份前往唐朝，天智四年（665）回到日本。

负责神祇祭祀的中臣氏族人出家，应该需要一些解释。在镰足以前，《日本书纪》记载中臣氏乃废佛派，但实际上，镰足与佛教具有一定关系。《藤氏家传》记载，大化改新之前，镰足参加了僧旻在佛堂进行的《周易》讲学。若说镰足通过儒教经典获取学识，并对政治报以关心亦不足为奇。此外，天平九年（737）三月十日太政官谨奏中还提到："从白凤年（或指孝德朝白雉年号），迄于淡海天朝（天智朝廷），内大臣（镰足）割取家财，为（飞鸟寺）讲说资。"（『類聚三代格』卷二）自苏我本宗家灭亡后，镰足便一直为飞鸟寺出资。另外，根据兴福寺缘起传说，镰足欲造释迦丈六佛像，后于山阶之地开始制作，其妻镜女王获镰足许可，开始兴建山阶寺。但这究竟是不是事实，还存在一定疑问（福山敏男『日本建築史研究』）。

不管怎么说，在与佛教的关系上，镰足采取了不同于中臣氏主流的态度。《日本书纪》还记述道，他回绝

苏我氏的兴亡

了神祇伯（根据后世制度创造的修饰语，应为负责神祇祭祀之人的意思）的任命，称病居于三岛（后摄津国三岛郡）[皇极三年（644）正月条]。可以认为，这条记载反映了镰足决心从被职能束缚的负名氏系统脱离出来的意志。

镰足之子不比等大约在齐明四年或五年（658或659）出生。他被田边史大隅养育长大，名字直接使用了可婆根"史"姓，后来又被表述为"不比等"（或为无人能比之意）。其兄定慧归国不久后便去世；天智八年（669），其父镰足去世。

不比等的姐妹冰上娘与五百重娘（母亲不详）成为天武的夫人，冰上娘生下但马皇女，五百重娘生下新田部皇子。另外，镰足还将女儿嫁给了大友皇子。换言之，镰足把女儿嫁给了天智的弟弟与孩子，这是他针对天智、天武双方的政治考量。当时镰足已经决意，最后无论哪一方成为天皇，他都将获得天皇外戚的身份。

不比等的正妻是苏我连子之女娟子，两人生下了武智麻吕和房前。此外，不比等还与贺茂朝臣比卖女生下了宫子（『尊卑分脉』）。另外，他又与县犬养橘宿弥三千代结合，生下光明子（图5-1）。三千代自天武朝开始出仕宫廷，与美努王生下了葛城王（橘诸兄）、佐为王（橘佐为）、牟漏女王（房前室）。

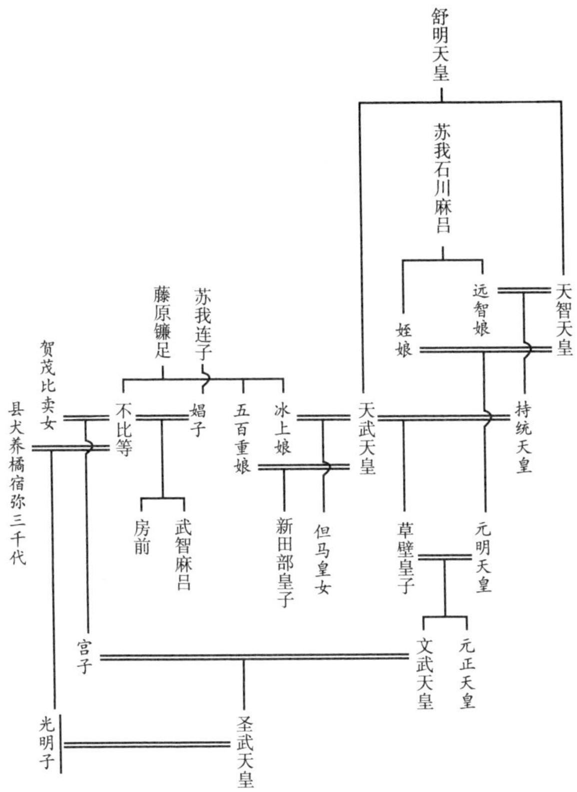

图 5-1　成为后妃的苏我氏与藤原氏女儿谱系
（楷体标记的为女性）

史料中并未记载不比等在天武朝的动向。但是，从姐姐冰上娘与五百重娘贵为天武夫人这点来分析，不比等与天武的关系应该比较好。也有观点认为不比等在天武朝不被重用，但这应该是错误的（東野治之「藤原不比等伝再考」）。

持统即位与不比等

天武天皇去世后，《日本书纪》记载皇后"临朝称制"，似乎是鸬野皇后全权掌控了政治（持统称制前纪）。所谓"临朝称制"，是指"在参与政治方面，以并未正式即位的状态执政"。其后又发生了大津皇子"谋反"被发现，最终皇子自尽的事件。大津死后，草壁皇子就没有与之竞争皇位继承权的对手了。

然而出人意料的是，持统三年（689）四月，草壁突然去世。六月，朝廷设置撰善言司（负责撰写帝王教育教科书《善言》的机构）。持续称制的皇后此时下定决心要将皇位传给草壁之子，即皇后之孙轻皇子（后来的文武天皇）。然而轻皇子当时只有七岁。

而且在那一时期，高市、刑部等天武的皇子尚多数在世。将皇位传给孙子之举，唯有推古、皇极两位女帝的先例，这就意味着鸬野皇后必须以前皇后身份即位。对皇后来说，即位为天皇又增添了保证孙子继承皇统这一新目的。

同年六月，皇后向诸司颁布《净御原令》，这便是最早的系统化令法典。但是当时尚未编撰律典，而是沿用了唐律。持统四年（690）元旦，皇后举行即位仪式，正式即位为持统天皇。

在草壁突然去世前的二月的判事任命中，不比等首次登上历史舞台。所谓判事，即后来刑部省判事，是在审判中负责应用法典的、专业性极强的官职。想必这也与《净御原令》的施行有所关系。当时，不比等为直广肆（相当于后来的从五位下），当然十分精通法令。另外在持统十年（696）十月，朝廷又给直广贰（相当于从四位下）的不比等配置了资人五十名。

其后，文武四年（700）《大宝令》完成，不比等因其功绩成为赐禄对象，在刑部皇子之后以直广壹（相当于正四位下）的身份出现。由此可见，他是参与《大宝令》编撰的中心人物之一。史料中也将其称为"令官藤原卿"（『法曹類林』）。且不论他是否也参与了《净御原令》的编撰，可以肯定的是，不比等拥有渊博的学识。

与不比等姓氏相关的最初记载，来自文武二年（698）八月诏书："藤原朝臣所赐之姓，宜令其子不比等承之。但意美麻吕等者，缘供神事，宜复旧姓焉。"如文中所述，负责神事的意美麻吕等人被改回了以前的负名氏中臣。反过来也就是说，这一诏书将不比等一系的藤原氏彻底从"负名氏的职能"束缚中解放出来了。

此后，冠藤原之名的氏族就不再拥有中臣氏所承担的负名氏职能。当然，也并非不能把诏书内容理解为将镰足功绩限定在不比等一系，可即便如此，朝廷无疑也对其寄予了像建内宿弥那般侍奉历代国王的期望。由于诏书将藤原氏限定为不比等一系，后世藤原氏将一直以纯粹血统进行传承。这与传统氏族经由拟制关系结合在一起的特性不同，而是单纯凭借血统，作为单一氏族发展下去。这就是不比等以后的藤原氏的重大特征。

不比等与草壁皇子的黑作悬佩刀

有一件物品可以彰显不比等与草壁，以及持统天皇之间的深厚羁绊，那就是草壁在世时送给不比等的爱刀——黑作悬佩刀（一尺一寸九分的短刀）。对此还有一则有趣的记载，收录在光明皇太后将圣武天皇遗物赠予东大寺时的目录《东大寺献物帐》之《国家珍宝帐》［天平胜宝八年（756）］中。记载内容如下：

> 右，曰并皇子（草壁皇子）常所佩持，赐太政大臣（藤原不比等），大行天皇（文武天皇）即位之时，便献大行天皇，崩时亦赐太臣（不比等）。太臣薨日，更献后太上天皇（圣武天皇）。

简而言之，首先草壁将自己的黑作悬佩刀赐给了不比等。若两人之间没有深厚的信任，此事恐怕不可实现。赐刀时期虽不明确，但应为草壁死亡之前，故可推断为持统称制期间，可见持统参与其中的可能性很高。

其后，这一佩刀在文武即位后又被献给了天皇，文武死后还赐不比等。接下来，不比等死后〔养老四年（720）〕，佩刀又被献给了首皇子（后来的圣武天皇）。也就是说，佩刀经过"草壁→不比等→文武→不比等→圣武"这个顺序流传下来。不比等作为中介者，将草壁的佩刀先后传了文武、圣武两天皇。

刀本身为护身刀，并非男性专用武器，完全可以传给女性。可是，其传承路径却跳过了女性天皇元明、元正，由草壁传给其子文武，再由文武传给其子圣武，只传给了男性天皇。其中存在一定的政治意图。这种佩刀的赠答，由天皇赠予大臣时，意味着"对大臣的信任"或"托付后人"；反过来，由大臣献给天皇、皇子，则意味着"宣誓忠诚"或"保证辅佐皇子得到皇位继承"（薗田香融「護り刀考」）。这把佩刀最大的意义在于，它体现了草壁让直系男性后人继承皇位的意图。而将佩刀传给草壁直系子孙，就是不比等的任务。

如此一来，不比等就在文武即位与圣武即位时起到了重要作用。如谱系（参见图 5 - 1）所示，文武的夫人是宫子，圣武的皇后是光明子，她们都是不比等的孩子。也就是说，持统的意图与不比等的意图是完全一致的。同时，又可看出草壁、不比等与持统之间的紧密联系。

律令法的编撰与太上天皇

持统天皇于文武元年（697）让位给孙子轻皇子，成为太上天皇。关于持统在让位后的行动，《续日本纪》没有记载。然而从元明即位的宣命中即可看出，让位后的持统依旧参与国家政务：

> 此食国天下之业，授赐日并所知皇太子（草壁皇子）之嫡子，今御宇天皇（文武天皇），并坐而治。

所谓"并坐"，提示了持统太上天皇与文武天皇共治的事实。

中国并不存在这种太上天皇制度。唐令中提到了看起来相同的"太上皇"与"太上皇帝"等名称。但这些只是临时性称呼，基本上，将皇帝权限一并让给新帝，就是太上皇，若还保留皇帝权限，就是太上皇帝。

与之相对，日本的太上天皇即使在让位后，也保有以前作为天皇的权威。举个例子，大宝二年（702），持统太上天皇行幸三河、尾张等东国地区，在此期间，持统行使了免除佃租、提供封户、叙位等权限。由此可见，中日两国的权力实际形态有所不同。

《养老令》的仪制令规定，"太上天皇：让位帝所称"，即天皇让位后称为太上天皇。大宝元年（701）制定的《大宝令》中好像也有关于太上天皇的条文，然而《大宝令》注释书《古记》中对此没有言及。《药师寺东塔擦铭》中可见"大上天皇"字样。这一擦拓拓本被认为是本药师寺佛塔所记铭文的拓印，制作于平城迁都以前的《大宝令》施行期。若铭文出现于 7 世纪末的说法正确无误，那就意味着《大宝令》以前就已经存在太上天皇一词（東野治之「『続日本紀』所載の漢文作品」）。可是，即便词语本身已经存在，这个太上天皇制度的成立也应该源自不比等在文武朝的重要影响力，他是为了确保持统太上天皇的地位，才在《大宝令》中为其立法的（石尾芳久『古代の法と大王と神話』）。

从历史进程来看，可能妨碍草壁直系即位的高市皇子于持统十年（696）去世，翌年，轻皇子立太子。到了八月，持统让位给文武。从这些经过来看，完全可以理解日本将太上天皇法制化的举动。而上文提到的黑作悬佩刀的赠答，就发生在这一时期。

如此一来，就诞生了文武天皇与持统太上天皇共治的机制，朝廷开始了依据《大宝律令》进行统治的时期。也就是说，太上天皇制度是日本独特的王制。

2　律令法与姓氏、氏族

律令法与"姓氏"

与苏我氏不同，藤原氏是作为律令制国家的官人展开活动的。这在历史进程中，被称为"从姓氏①集团到姓氏官僚组织的转变"。

所谓官僚组织，是指官人与官司机构。官人虽根据位阶排列，但实际上并不一定以个人身份接受评估。像藤原氏这般，自身所属姓氏的影响更大。换言之，律法的规定和实际运用存在显著落差。本节将对律令法的姓氏与氏族问题进行一番探讨。

实际在律令法中，并未规定姓氏的定义。然而，律令却以姓氏这一组织的存在为前提完成制定。姓氏在律令制以前便已形成，可谓存在于律令法范畴之外的概念。其实质基本如上文所述，即它是由律令制以前的姓氏集团发展而来，并且跟大化以前一样，依旧是存在于与天皇之间的人格关系中的集团。

律令法中关于姓氏的规定，意外地只有四条，即规定

---

① 此处的"姓氏"指日本氏族集团"氏（uji）"。

了首领（氏上）、人力资产（氏贱）、献给天皇的女眷（氏女）等与姓氏特征、作用密切相关的事项。详细说来就是：

(1) 京、畿内姓氏纳贡成为后宫女孺的氏女（后宫职员令氏女采女条）。

(2) 姓氏所拥有的贱民氏贱（户令应分条）。

(3) 姓氏首领氏宗（《大宝令》称为氏上，以下皆表述为氏上。出自继嗣令继嗣条、丧葬令三位以上条）。

这里并没有关于氏上的任命规定，任命氏上的权限属于天皇。换言之，关于姓氏存续的规定并未出现在律令中。同时，改、赐姓的权限也在天皇手中，姓氏集团无法擅自更改。

律令制下的姓氏序列源自天武十三年（684）制定的"八色姓"。虽说存在八个种类的姓，但实际得到应用的只有处于上位的真人、朝臣、宿弥、忌寸四种。"真人"是继体天皇近亲及继体以后的皇裔氏族；"朝臣"多为旧臣姓氏族，根据《古事记》和《日本书纪》记载，则是孝元天皇以前的皇别氏族；"宿弥"为旧姓连的神别氏族；"忌寸"是畿内国造级别的氏族和海外移民。顺带一提，如上文所述，皇别、神别氏族是《新撰姓氏录》对氏族的区分。皇别为天皇、皇子的后代，神别为天津神

（来自高天原的神）、国津神（国土之神）的后代。在这样的姓氏序列之下，又制定了位阶制。

另外，苏我氏为臣姓，由苏我氏改姓的石川氏则冠朝臣之姓。藤原氏由旧连姓改姓为朝臣，并被限制在不比等的子孙后代这一范围内。这样一来，石川氏与藤原氏就渐渐转变为保有纯粹血统的氏族。

出仕官人

那么，藤原氏以官人身份活跃的官司机构，要如何在律令法中予以规定呢？虽然略显掉书袋，这里还是介绍一下律令下日本官僚制度的特征。日本律令虽然承袭中国律令，但即使两者同为律令，中日之间也存在很大差异。那是因为，日本的官僚制继承了大化前代便已存在的政治体制中的旧习。

首先来关注一下中日律令结构的差异。《大唐六典》（基于开元七年律令的唐朝官司制度注释书）记载，中国《晋令》（267 年）和《梁令》（503 年）的篇目顺序为：①户令；②学令；③贡士令；④官品令；⑤吏员令。对此，青木和夫提出了这样的解释：从全国的"户"（户令规定）中，推举"学"人（学令）为"贡士"（被推荐为官吏的人，贡士令），赐予"官品"（官员等级，官品令），编入行政组织成为"吏员"（官吏，吏员令）。这便是中国律令的结构（『日本律令国家論攷』）。然而，在隋、唐这样国家权力更为强大的朝代，①户令、②学令、③贡士令（或发展为选举令）的顺序被放到后面，④官品令、⑤吏员令（相当于职员令）则被提到了前头。

这里体现出一个政治理念，即户令为孕育官僚的母体法令。只要令是承担国家行政运作的法令，理所当然就会以管理官人所属家族的户令为中心。另外，日本令承袭了唐的《永徽令》（651 年），名称自然就取用了官位令和官员令（《养老令》称为职员令）。这个官位令与规定官职等级的中国官品令不同，该法令的主旨在于规定官职，而这个官职要与根据位阶划定的官人本身身份相当（宫崎市定「日本の官位令と唐の官品令」）。我们将这个制度称为"官位相当制"。

由此可见，中国律令将户令的首要性质定义为选拔官人的母体，因此户令与官人的行政组织有着紧密关系。然而，日本户令却更为重视对登记了户籍的百姓（公民）实施班田收授政策，并对其进行课税。日本律令的这个特征，在中国属于次要性质（吉村武彦『日本古代の社会と国家』）。

而且，在中国成为官人的途径是参加科举。科举是通过考试选拔、任用官吏的制度，自隋代兴起，由唐代承袭。但是在日本，这种以科举出仕的制度实际上被贵族架空了。因为成为官人的方法，已经由出仕为大舍人的制度和荫位制所决定。

关于大舍人的规定于天武二年（673）颁布。其内容为：

> 夫初出身者，先令仕大舍人。然后，选简其才能，以充当职。

> （《日本书纪》天武二年五月条）

要成为官人，必须先出仕大舍人，其后再根据才能安排官职。具体说来，这就是一开始出任大舍人（后变为诸舍人），接受官人的职务评估，然后得到叙位，并根据位阶获得相应官职的制度。这个方法后来在律令制之下也被保留了下来。

另一个荫位制，就是根据父祖之位，使子孙获得一定位阶的特权制。这里的子孙被称为荫子孙。中国虽然也存在这种制度，但在日本，这一制度使得荫子孙在得到叙位时更为有利。比如，位阶为一位的官人嫡子被叙位为从五位下，因此能成为贵族；但中国一品官之子只能成为正七品上。另外，三位以上称为"贵"，五位以上称为"通贵"，两者合称"贵族"。将选叙令（《大宝令》称为选任令）编为图表，就如表5-1所示。

表 5 - 1 选叙令的荫位规定

官人	一位	二位	三位	正四位	从四位	正五位	从五位
嫡子	从五位下	正六位下	从六位上	正七位下	从七位上	正八位下	从八位上
庶子	正六位上	从六位上	从六位下	正七位上	从七位下	从八位上	从八位下
嫡孙	正六位上	从六位上	从六位下				
庶孙	正六位下	从六位下	正七位上				

荫子孙与大学出身者相比所拥有的优势可谓一目了然。大学秀才最高位及第者也只能得到正八位上的叙位（秀才出身条），将其与荫位相比较，正五位官人的嫡子为正八位下，从四位的庶子为从七位下。也就是说，即使在大学以最高成绩毕业，所能获得的叙位也只处在从四位庶子和正五位嫡子天生所持位阶的中间阶段。理所当然，这就使得贵族们都避免进入大学仕途。那是因为，对这些贵族阶级而言，荫位制显得极为有利。换言之，荫位制正是使贵族实现官人社会循环生产的系统。不言而喻，藤原氏正好处在能够最大限度利用荫位制的环境之中。

太政官制与氏族

利用荫位制，藤原氏公卿辈出。而且在不比等那一代之后，藤原氏又分成了四家（房前的北家、武智麻吕的南家、宇合的式家、麻吕的京家），各家都有可能出现公卿。本节打算就其历史背景进行考量。

苏我氏的兴亡

古代官司机构包括律令规定的二官八省。二官指太政官和神祇官，太政官管辖之下有中务、式部、治部、民部、兵部、刑部、大藏、宫内八省（图5-2）。但是在命令系统中，神祇官也属太政官管辖。其中，从太政大臣到参议（令中没有规定的令外官）这些位阶三位以上的议政官（在天皇领导下审议重要事务、负责政务的官员）组成了太政官（狭义），其成员被称为"公卿"。顺带一提，广义的太政官是指整个官司机构。

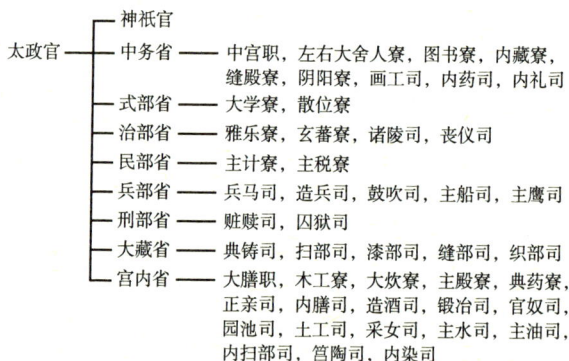

```
太政官 ┬── 神祇官
       ├── 中务省 ── 中宫职，左右大舍人寮，图书寮，内藏寮，
       │            缝殿寮，阴阳寮，画工司，内药司，内礼司
       ├── 式部省 ── 大学寮，散位寮
       ├── 治部省 ── 雅乐寮，玄蕃寮，诸陵司，丧仪司
       ├── 民部省 ── 主计寮，主税寮
       ├── 兵部省 ── 兵马寮，造兵司，鼓吹司，主船司，主鹰司
       ├── 刑部省 ── 赃赎司，囚狱司
       ├── 大藏省 ── 典铸司，扫部司，漆部司，缝部司，织部司
       └── 宫内省 ── 大膳职，木工寮，大炊寮，主殿寮，典药寮，
                    正亲司，内膳司，造酒司，锻冶司，官奴司，
                    园池司，土工司，采女司，主水司，主油司，
                    内扫部司，筥陶司，内染司
```

图5-2 二官八省职务图

太政官制（狭义）是承袭了7世纪前半期群臣（大臣、大连、大夫）合议制的组织（见本书第148页）。其中成为大夫的氏族，除苏我臣以外，还有苏我氏的旁系氏族高向臣、田中臣、小垦田臣、田口臣氏等，以及

阿倍臣、巨势臣、纪臣、坂本臣、平群臣、葛城臣、羽田臣、春日臣、穗积臣、采女臣、膳臣氏等臣系氏族，另有物部连、大伴连、佐伯连、中臣连、阿昙连等连系氏族与三轮君等氏族。各个时期，这些氏族中都会有数人成为大夫，支持大臣、大连工作。无须明言，中臣氏也包含在其中。如此一来，大夫也就具备了有力氏族代表人的特征。

大宝元年（701）三月，《大宝令》官制开始施行，当时的公卿是左大臣多治比嶋（七月卒）、右大臣阿倍御主人（三月任）、大纳言石上麻吕（三月任）、藤原不比等（同）、纪麻吕（同），多治比氏、阿倍氏、石上氏（物部氏后裔）、藤原氏、纪氏各选出了一人。

然而到了养老元年（717）三月，石上麻吕去世后，大臣就只剩下了右大臣不比等一人，同时也无人担任大纳言。在这样的政治状况下，同年十月，房前（不比等次子）早早被任命为参议。这想必来自朝臣之首不比等的政治影响力。房前参议后，藤原氏就有了两名议政官，在太政官会议中掌握了极大的主导力。而且到养老五年（721）正月，武智麻吕又升为从三位，被任命为中纳言，成为第三位藤原议政官。房前与武智麻吕分别是藤原北家和南家的创立者，与藤原四家的形成有关。接下来的一节，就要对"家"进行探讨。

古代的家

关于日本古代的"家"之概念，古代史学界实际尚不存在一致见解。那是因为部分女性史、家族史研究者把"家"定义为平安末期、院政期成立的"中世的家"，认为在此之前"家"的概念并不存在。这里所说的"中世的家"，是以拥有供子孙继承的家职、家业，形成家领、家产等财产形式，产生家名、家门等荣誉意识为前提的家。然而这种看法不认同历史性家族的存在，因此并不正确（中村英重『古代氏族と宗教祭祀』）。

之所以说它不正确，是因为各个时代都存在符合时代特征的家与家族意识。若以某种特定的家（中世的家）为标准，仅凭是否成熟来理解家的历史，就会错判该时代特有的"家"所具备的要素。根据历史的方法，应该将其作为"从古代的家到中世的家"这一历史进程来进行探讨。

《万叶集》中收录了许多关于家的和歌。这里举出被称为"雄略御制歌"的开卷歌：

美哉此提篮，盈盈持左手。美哉此泥锹，轻轻持右手。尔是谁家女，摘菜来高阜。尔名又若何，尔能告我否。大和好山川，向我齐俯首。全国众臣民，听命随我走。尔家与尔名，尔能告我否。

（新日本古典文学大系本）

这里要就"尔家与尔名"（家告らな名告らさね，"家""名"二字在原文中亦使用相同表述）展开探讨。有人把这里的"家"解释为"家系、身份"，但这实为误解。文中所指就是字面意义的家，即住宅。家前有门有垣，除主屋和寝房等建筑外，也可能设有庭院及池塘。院中还会栽种梅、橘、枫等树木。这想必便是古文书中描述的"家一区"景观（吉村武彦「古代の恋愛と顔・名・家」）。这种宅邸中规模较大者，有上文提到的苏我氏小垦田家及向原家。

日本律令中设有家令职员令（《大宝令》或表述为家令官员令），拥有品阶和位阶的亲王及三位以上职事官可拥有家政机构①。此外，自养老三年（719）十二月开始，五位以上的家也可设置家政机构，并任命执行家族事务的家政职员（事业、防阁、仗身等②）。虽然仅限贵族，但这依旧是法令正式认可的、以宅邸为据点的家政机构。

以上便是古代家族的形式。这种"家"的用法进一

---

① 指管理家族事业的机构。
② 指负责处理杂务及担当警卫的人员。

步发展，就如"起家补少判事"［《续日本纪》天平宝字六年（762）九月条］这般，把初次出仕任官表述为"起家"。这种表述传自中国，被使用在出任官人之上。另外，关于左大臣藤原永手还有这样的记述："以累世相门（世代相传的家）起家。"［宝龟二年（771）二月条］此处已经出现了以官人身份继承"家"的意识。此外，永手被任命为左大臣时，还可见这样的记述："此寺乃朕外祖父故太政大臣藤原大臣家所在。今右大臣藤原朝臣远波继其家之名，净心明志以奉朝廷，乃授赐左大臣之位。"［天平神护二年（766）十月条］此处明显体现了继承家名并从事职务的意识（上揭中村著作）。

此外，郡司一级也可见"立郡以来谱第重大之家"［天平胜宝元年（749）二月条］等关于每代郡司（原为评督等官职）之"家"的表述。因此，"家主""家麻吕""家刀自""家继"等名字的出现，应该也与古代家族的形成不无关系。就算这些作为名字的字眼实为观念性意义，但由于贵族拥有家政机构，我们便不得不承认这是古代家族的形成。

至于一般百姓，可见"使贫乏百姓，各存家业""无知伯姓，（略）缘其家业散失，无由存济"［养老四年（720）三月条］等提及"家业"一词的内容。"家业"想必是生计之意，文中体现出鼓励百姓各持生计的意思。这种家业应该与当时从事鱼酒型劳动的私人经营有所关联（见本书第 171 页）。

3　藤原氏与奈良时代

不比等之女——宫子与光明子

最后，本书要将历史一直回顾到藤原氏实现政治地位稳定的奈良时代前半期为止。

首先在文武元年（697），轻皇子被立为太子。八月，持统天皇让位，轻皇子即位（文武）。轻皇子是草壁次子，出生于天武十二年（683），母亲为阿闭皇女（后来的元明天皇）。即位时，文武天皇年仅十五岁。如此一来，就形成了文武天皇与持统太上天皇共治的政治体制。此时，不比等之女宫子以夫人身份入宫。当时能够成为皇后的只限内亲王，故宫子无法被封为皇后。然而文武并没有另外立后，此处无疑可以看出不比等的意思。

大宝元年（701），首皇子（后来的圣武天皇）诞生。分娩后，宫子似乎身体不适，"为沉幽忧，久废人事。自诞天皇，未曾相见"［天平九年（737）十二月条］。由于她处在忧郁而压抑的状态（沉幽忧，或指抑郁状态），无法进行日常活动（废人事），因此未与圣武相见。这种精神状态一直持续到 737 年她接受玄昉治疗后才真正结束。

其后，文武于庆云四年（707）六月去世，享年二十五岁。其母即位为元明天皇。翌年，不比等封右大臣，和铜三年（710），元明自藤原宫迁都平城宫，历史进入奈良时代。和铜七年（714）六月，首皇子十四岁被立为太子。灵龟元年（715），元明让位给文武之姐——自己的女儿元正天皇。就这样，历史上连续出现了两位女性天皇。

到了灵龟二年（716），不比等之女安宿媛（光明子）入宫成为首皇太子妃。继文武之后，不比等又成功将女儿嫁予了首皇太子。如此一来，不比等就能凭借天皇外戚身份发挥政治影响力，这沿袭了苏我氏的做法。

养老二年（718），天皇命以不比等为首的众臣制定《养老律令》。这是继《大宝律令》之后的律令编撰。然而养老四年（720）八月三日，不比等结束了六十二年的人生。由于他的死在政界引起了轩然大波，翌日，天武之子舍人亲王被任命为知太政官事，新田部亲王被任命为知五卫及授刀舍人事。这一任命意在稳定太政官，同时压制武官的五卫府（卫门府、左右卫士府、左右兵卫府）及授刀舍人寮的动荡。

光明子立后与圣武天皇

神龟元年（724），元正天皇让位给首皇子，圣武天皇即位。神龟四年（727）闰九月，光明子诞下皇子。早在养老二年（718），两人之间便诞有一女，即阿倍内亲王。这回，光明子诞下了寄望已久的皇子。两个月后的十一月，皇子被立为太子。此事虽属特例，但想必藤原氏万分希望促使藤原系天皇的诞生。然而到了翌年九月，皇太子夭折。这对藤原氏来说，无疑是失去了宝贵的皇子。

而且在这一年，圣武另外一位夫人县犬养广刀自也诞下一名男孩，即安积亲王。为此，藤原氏放弃了等待男孩诞生，转而选择光明子立后这条路线。尽管如此，律令却规定唯有内亲王才能立后。虽说天皇不一定受到律令法的约束，但存在一股依托律令规定反对光明子立后的势力，那便是代表皇亲势力的长屋王（岸俊男「光明立后の史的意義」）。

结果在天平元年（729），长屋王因谋反之嫌被迫自杀。半年后，光明子被立为皇后。立后宣命中可见一句甚有深意的话，尽管皇太子夭折，圣武依旧在诏书中提到："朕高登御座，今已六年。此间得皇太子以嗣承天位。"换言之，立后的理由是光明子诞下了已经去世的皇太子。然而照理来说，皇太子已不在人世，本来不存在任何理由立其母亲为皇后。

此外，诏书还引仁德天皇旧事称，"授赐此皇后位，故非朕时之独有。难波高津宫御宇大鷦鷯仁德天皇，以葛城曾豆比古女子伊波乃比卖命（磐之媛）为皇后，相坐而治食国天下之政"，提出了葛城氏女子立后的先例来进行说明。这虽不算诡辩，却也显得牵强。

复观日本后宫制度，后宫职员令可见妃二名（四品以上）、夫人三名（三位以上）、嫔四名（五位以上）的记载。这一规定并未提及皇后，但从妃的性质来看，可以肯定皇后必须具有内亲王身份。

如此一来，由于光明子立后存在明显问题，长屋王就成了最大阻碍。而这个长屋王最后死于阴谋。天平十年（738），侍奉长屋王的大伴子虫在下围棋时将控诉长屋王的中臣宫处东人斩杀。《续日本纪》将东人记为"诬告长屋王事之人"（天平十年七月条），文中明言"诬告"，证明长屋王实际清白无辜。由此可以认为，事实早已传遍朝廷。但其后的历史表明，光明皇后成为藤原氏扩大政治势力的极大助力。此外，光明子还十分敬仰镰足。一次镰足患病，天智天皇前去探望时，称赞了镰足的功绩："天道辅仁，何乃虚说。积善余庆，犹是无征。"［天智八年（669）十月条］光明子极为重视"积善"一词，还专门制作了"积善藤家"之印（高岛正人『藤原不比等』）。可见，光明子认真对待天皇赐予镰足的话语并将其继承了下来。

藤原四家的成立

藤原氏开始活跃的条件之一，就是上文所述的荫位制。不比等积极参与律令制定，因而想必也参与了对贵族子弟晋升极为有利的日本式荫位制的导入。

关于不比等对荫位制的运用，有个极为有趣的例子。其子叙位时，没有荫位不比等，而是利用了对他们更为有利的荫孙机制。不比等的父亲镰足于天智八年（669）去世，并在此前不久刚被授予大织冠。这相当于后来的正一位。于是藤原家便利用了镰足当时的地位，对不比等之子使用了荫孙条例。将此举称为"狡猾"想必最为妥当。

对此，本节再稍做具体说明。不比等之子武智麻吕于大宝元年（701）出仕正六位上的右舍人，当时不比等是正三位大纳言。正三位的嫡子荫位应为从六位上。也就是说，武智麻吕的位阶与不比等的荫位不对应。不过对照镰足相当于正一位的位阶，其嫡孙可荫位正六位上，庶孙为正六位下。武智麻吕作为镰足的嫡孙荫位，获得了正六位上的叙位。其后，房前、宇合、麻吕几兄弟也以镰足庶孙的身份被授予了正六位下的位阶（野村忠夫『律令官人制の研究　増訂版』）。

上文也已提到，养老元年（717）十月，房前成为参议；不比等去世第二年，即养老五年（721）正月，武智麻吕被任命为中纳言，成了太政官（狭义）成员之一（见本书第 215 页）。武智麻吕获得任命时，长屋王也升格为右大臣。长屋王之父是高市皇子，不比等之女长娥子也嫁给了长屋王。这种安排真不可谓不周到。

另外，宇合（式家）在神龟元年（724）已是式部卿，天平三年（731）与麻吕（京家）一道成为参议。而麻吕在养老五年（721）被任命为左右京大夫（左右京一职的长官）。天平三年，武智麻吕任大纳言，房前、宇合、麻吕皆以参议身份位列太政官名册。按照惯例，太政官会从各个有力氏族中遴选一人任命，藤原氏却将自己分为四家，成功让四人被选入太政官。这在某种意义上或许也能称为狡猾。

尽管藤原氏一路仕途顺畅，但还是迎来了命运转折的时刻。天平九年（737）天花流行，四月房前（五十七岁）、七月麻吕（四十三岁）和武智麻吕（五十八岁）、八月宇合（四十四岁）先后去世。或许因为藤原氏作为太政官成员平时十分团结，经常聚在一起，才会同时罹病。

从 731 年到 737 年，藤原氏有四人陆续成为属于议政官的太政官成员。其中一个很大理由，无疑是镰足的荫孙。此外，还必须考虑到不比等死后光明子的积极推动。"藤原四子"死后，武智麻吕长子丰成被紧急任命为参议。然而，藤原氏的昌盛在此暂告一段落。

天平十年（738），阿倍内亲王被立为太子，成为史上第一位女性皇太子。但是这引起了部分贵族的不满。天平十七年（745），圣武天皇病情恶化，左大臣橘诸兄之子奈良麻吕说："陛下枕席不安，殆至大渐，然犹无立皇嗣。"（天平宝字元年七月条）从当时政界的气氛来看，女性皇太子不可能就这样顺利即位。可是"藤原四子"死后的政治形势和藤原氏相关情况，还需要另一个政治视角的历史叙述进行补充。

古代的王、天皇与群臣

最后，本节将对苏我氏与藤原氏之不同进行理论上的补充。一般认为，日本古代国家形成时，统治阶级的集结体现为一种双重形态（石母田正『日本古代国家論』第一部）：

（1）以机构及制度为媒介的结合。
（2）以人格、身份从属关系为媒介的集结。

这种属性在进行律令制国家成立前后的比较时可以作为参考。（1）机构和制度的成立，显然是国家成立的标准。但是，不能将（1）（2）与律令制、氏族制的原理进

苏我氏的兴亡

行简单置换。

　　确实，律令制设置了二官八省官僚机构，由统治国家的各种制度组成。可是日本律令法并未对天皇大权（①官制大权、官吏任命权、刑罚权等国家统治大权；②外交与战争相关大权；③王位继承相关大权）进行限制，因此天皇成了超越律令法的存在。在人格上依附甚至从属天皇，便成了（2）"以人格、身份从属关系为媒介的集结"。不可否认，这种方式与个人以及氏族的存在相关联。

　　在日本古代，除了对氏族的改、赐姓，天皇权限还包括冠位、位阶的授予。至于个人及氏族的地位，基本上依据（2），即对天皇的从属关系才得以确立。这是因为不仅仅官人这些统治阶级，连一般百姓都与天皇形成了"侍奉"关系。日本古代的特征，就在于这种人格性结合、以奉仕这种臣属关系为前提的位阶和官职赐予。在这一点上，苏我氏与藤原氏相同。

　　然而在苏我氏时期，律令制尚未施行，（1）的关系较为薄弱。为此，它与机构、制度完备的藤原氏时代具有显著不同。在这一点上，荫位制的有无成了最具象征性的差异。包含确保外戚立场在内，对政治势力的维护是苏我氏的日常课题。而我们可以认为，藤原氏通过利用荫位制，一举确保了子孙后代对政治力量的继承。

尾声　苏我氏之实

苏我氏力量之实

苏我氏究竟是什么，又拥有何等政治力量？

这里要再次引用上文已多次出现的《日本书纪》里的记载。

> 苏我大臣虾夷，缘病不朝，私授紫冠于子入鹿，拟大臣位。

（皇极二年十月条）

可以说，这句话完美概括了苏我氏的政治力量。

苏我氏的政治力量，首先由大臣这一地位来支撑。用明二年（587）物部氏本宗灭亡，朝廷不再任命大连，从此以后直到乙巳之变前，大臣之位都被苏我一族占据。

本来冠位和大臣职位，都应由王（天皇）授予。紫

苏我氏的兴亡

冠虽不是十二阶制的冠位，但虾夷依旧将这个伴随大臣位的紫冠私自授予儿子入鹿，令其拟大臣位。这里虽然是私下授予，可毕竟是关系到大臣位的冠位，明显侵害了古代天皇大权。不得不说，这种侵害是刻意为之。可见苏我氏并非利用制度，而是实质上掌握了如此大的政治力量。这是王权内部力量关系导致的结果。

不仅如此，苏我氏还以外戚身份发挥着政治影响力。虽不是天皇家直系，却要以王权组织一员的身份维持权力，就需要做到以下两点：（1）让儿子出任大臣等群臣之位；（2）将女儿嫁予天皇、皇太子，并利用自身的外戚立场发挥力量。而苏我氏就最大限度地利用了这个立场。这种权力形式还被后来的贵族们继承了。

然而与此同时，专横独断的苏我氏本宗家最终还是被中大兄、中臣镰足等皇族、贵族打倒。本宗家在乙巳之变中灭亡，是苏我氏衰退的开端。此后日本列岛的政权，在大化改新时从国造制转换为畿内国、评制，其部民制又转换为公民制，走上了官司制的道路。其间，左右大臣制延续下来，在近江朝，旁系苏我赤兄等人出任了左大臣。可是这个苏我氏旁系，后来也在壬申之乱中被消灭了。

苏我氏的衰退，在政治舞台上出现了两次起伏。其后，苏我氏之名就失去了活跃的舞台。然而，从苏我改姓的石川又在律令制国家活跃起来。但他们此时已经成为石川氏，再也不冠苏我之名。

苏我氏活跃的时代，是尚未施行律令法的时期。那是大化改新以前的大和王权时代，可以认为，苏我氏作为群臣一员实现了昌隆。这一时期的王权，还处在先帝驾崩后，由群臣推举新帝即位，再由新帝重新任命群臣（包含再任）的制度下。换言之，群臣也是王权的重要组成部分。直到大化改新后的天智朝以前，苏我氏都在这样的政治系统中，以大臣身份发挥着政治力量。

苏我氏与藤原氏

要把握苏我氏存在的特征，就需要将其与别的氏族进行比较。最合适的比较对象，就是在苏我氏以后开始活跃的藤原氏。具体比较对象是主要在大和王权之下担任大臣的苏我氏本宗，以及随着律令制国家成立而发展起来的藤原氏。两者虽然时代背景不同，但同样利用了外戚立场获取力量。

藤原氏源自大化改新前代的中臣氏。中臣氏是掌管神祇祭祀的连（伴造）系负名氏。相反，苏我氏是以地为名的氏族。两者虽然属性不同，却都是在大和王权下曾经活跃的氏族。作为一个氏族，想必它们分别与各地的苏我氏及中臣氏保持着拟制同族关系。

中臣氏的镰足获赐藤原姓后，藤原氏一度扩大到同族堂兄弟范围。然而到了不比等的时代，藤原氏摆脱了掌管神祇祭祀的氏族属性。为此，原先的氏族就被二分为不比等一系的藤原氏，以及原本的负名氏中臣氏。

其实，镰足在世时已经表现出了脱离神祇祭祀职务的倾向，转而学习周公、孔子教诲。齐明患病之时，他还在向神祇祈祷的同时皈依了三宝，也就是佛教；随后还让长子定惠出家。从这些举动来看，天智天皇赐姓藤原也有将镰足从神祇祭祀中割离的意图。其后，藤原氏从不比等开始变为血缘关系继承，以纯粹的官僚氏族身份活跃在政坛上。这也可以称为新氏族的诞生。

苏我氏与大连的物部氏、大伴氏不同，是以新兴氏族身份在历史舞台上登场的。它作为一个开明氏族，与海外移民保持着密切关系，同时又积极吸收包含佛教在内的外来文化。然而，苏我氏尽管是个开明氏族，却也存在未能打破传统守旧外壳的一面。

而藤原氏自不比等之后，积极参与律令法制定，通过设立对其有利的荫位制，将子孙后代延续贵族身份的目的成功编入律令机制，使其制度化。这一荫位制的运用切实保证了贵族延续，具有一定历史意义。或许可以说，从这个意义而言，因为使用了不同的维持氏族权势的战略，苏我氏最终落败，退出历史舞台，而藤原氏则留了下来。这是因为苏我氏内未能形成关于律令制统治的构想。

另外，苏我氏与藤原氏共通的外戚立场，受到了是否能生出女儿这一概率性因素的左右。尽管成为王权一员十分必要，但同时也具有一定风险，仅凭这个可能无法维持牢固的立场。于是，为了确保地位稳定，就需要得到律令制的支撑。

重回苏我氏

自壬申之乱以后，苏我氏没有再以苏我之名活跃在政坛上。然而回顾苏我氏的足迹，在日本律令制国家成立，成为"东夷小帝国"之前，尽管虾夷与入鹿蛮横专行，他们还是在日本列岛的文明开化中扮演了重要角色，尤其是与海外移民的紧密联系和积极进取的态势，这一点在吸收佛教的态度上表现得尤为突出。

大化改新后，苏我氏本宗家灭亡，旁系作为政权大臣，也发挥了一定力量，然而他们最终未能打破传统氏族的外壳。在这一点上，通过制定律令法转化为新兴官僚氏族的藤原氏，就与苏我氏有着显著不同。

从苏我改姓的石川氏，后来也选择了与藤原氏相同的生存方法。新生的石川氏应该从历史中得到了教训。《平家物语》的主题为"奢人不久"，但古代苏我氏的兴衰历程尚不存在转变为文学的历史条件。

苏我氏的时代，在日本完善国家体制的历程中，或许可以比喻为人生青年期的前期。

后　记

有一天，我正好在大学研究室里接到了 TBS 广播电台相关人士打来的电话。那位人士在电话中向我发出邀请，问我能否参加由庐山组合出演、面向应试学生的广播节目 "GAKU-Shock"。当时围绕日本中世形成时期的探讨——形成于 1185 年（设置守护、地头）的说法胜过高中教科书上的 1192 年形成说（镰仓幕府成立）成为主流——引起了媒体热议。那次邀请就是希望我能对此进行说明。在电视和广播的节目上，必须确保人名与地名读音正确，同时还要正确描述历史事实。这种压力实在太大，从我个人性格而言，老实说我是无法接受的。

我向来不太关注出演人员（说实话也不熟悉），不过庐山组合这个名字却激起了脑海一角的记忆。有一期《经济学人》周刊提到了 IPS 细胞的山中伸弥先生，而这份周刊的名门高中校风与人脉（「名門高校の校風と人脈」）一文中就出现了庐山组合那两位的名字。因为是高中后辈，我最后还是答应参加节目了。

　　在节目录制的现场，我收到了应试生的提问。具体人名忘了，总之是类似为何"藤原道长"叫"Fujiwara no Michinaga"，而"德川家康"却叫"Tokugawa Ieyasu"的问题。我的回答如本书所述：藤原为"氏族"名称，而德川则是"姓名"。不过事后我又有些担心，不知这个回答是否足够。虽说这期节目没有播放出去，但从结果来说是好的。

　　其后，我通过高大（高中与大学）联合讲座项目负责了明智高中的两个课时。在课堂上，我向学生提出了这个"no"的使用问题，几乎没有人能回答上来。这在教科书中似乎没有解释，教师们也没有专门提到这个知识点。

　　由此可见，一般人不一定能明确知道氏族名和姓名的区别。初、高中教育里还有一个更为困难的知识点，那就是"氏族是什么"这个涉及氏族本质及其形成时期的问题。另有一点让人感到意外，那就是有许多人并不理解今日的天皇一族为何没有氏族名。

　　谈论古代日本，若不触及苏我氏和藤原氏的发展动向，就无法讲述历史源流。本书虽以苏我氏为对象，但考虑到上述情况，专门在第一章对氏族进行了较为详尽的介绍。不知各位读者是否因此加深了对古代氏族的理解？现在人们使用的虽是姓名，但也有人比较重视曾经的"氏族"名称。我希望各位能够知道，"氏（uji）"是形成于古代的历史概念，也是日本独有的概念。

某天我突然想知道，苏我氏之名到今天究竟保留了多少？经过网络检索，"全国姓氏"中，苏我排在第35178位，"姓名分布与排名"中，苏我排在第34464位，两者排名比较接近。虽不知它与古代苏我氏是否有渊源（应该没有），这个排名确实很靠后。由此可见，苏我氏之所以广为人知，最大原因是它出现在了教科书中。

在准备本书的阶段，不仅是大学讲课，我还在明治大学与中国社会科学院和高丽大学的学术交流会上，做了部分内容的报告。那无疑是在东亚范围内考量日本氏族的大好机会，但我同时也意识到，日本氏族名称与韩国、中国的姓氏存在很大不同。

中、韩两国几乎都使用诸如"李""江""习""朴"这样的一字单姓，而日本姓氏则以基于地名的二字姓居多。这在很大程度上是因为和铜六年（713）五月公布的行政地名修改方案施行细则规定："凡诸国部内郡里等名，并用二字，必取嘉名。"（『延喜式』民部省式上）以这样的差异为代表，双方在"同姓不婚"等氏族制的形式上存在不同之处。

最后还要感谢本次从策划到执笔，一直对我关照有加的新书编辑部古川义子女士。托这位女士的福，本书才变得更加易于阅读。此外，明治大学大学院文学研究科的硕士研究生坂口彩夏女士提出了十分有益的建议。在此要对二位致以由衷的谢意。

2015 年 11 月

吉村武彦

考古史料原文

埼玉县行田市稻荷山古坟出土，金错铭铁剑（下划线为人名，下同）

辛亥年七月中记<u>乎获居</u>臣上祖名<u>意富比垝</u>其儿（或漏"名"）<u>多加利足尼</u>其儿名<u>弖已加利获居</u>其儿名<u>多加披次获居</u>其儿名<u>多沙鬼获居</u>其儿名<u>半弖比</u>其儿名<u>加差披余</u>其儿名<u>乎获居</u>臣世世为杖刀人首奉事来至今<u>获加多支卤</u>大王寺在斯鬼宫时吾左治天下令作此百练利刀记吾奉事根原也

（本书第二章）

熊本县和水町江田船山古坟出土，银错铭大刀

治天下<u>获□□□卤</u>大王世奉事典曹人名<u>无利弖</u>八月中用大铁釜并四尺廷刀八十练九十振三寸上好刊刀服此刀者长寿子孙洋洋得□恩也不失其所统作刀者名<u>伊太和</u>书者<u>张安</u>也

（本书第二章）

和歌山县桥本市隅田八幡神社所藏人物画像镜

癸未年八月曰十大王年男弟王在意柴沙加宫时斯麻念长寿遣开中费直秽人今州利二人等取白上同二百旱作此竟

（本书第二章）

大阪府高槻市荒神山出土的石川朝臣年足墓志铭（大阪历史博物馆藏）

武内宿弥命子宗我石川宿弥命十世孙从三位行左大弁石川石足朝臣长子御史大夫正三位兼行神祇伯年足朝臣当平成宫御宇天皇（淳仁天皇）之世天平宝字六年岁次壬寅九月丙子朔乙巳春秋七十有五薨于京宅以十二月乙巳朔壬申葬于摄津国嶋上郡白发乡酒垂山墓礼也仪形百代冠盖千年夜台荒寂松柏含烟呜呼哀哉

（本书第四章）

参考文献

相原嘉之「蘇我三代の遺跡を掘る」『蘇我三代と二つの飛鳥』新泉社、二〇〇九

青木和夫『日本律令国家論攷』岩波書店、一九九二

阿部武彦『氏姓』至文堂、一九六〇

阿部武彦『日本古代の氏族と祭祀』吉川弘文館、一九八四

石尾芳久『日本古代天皇制の研究』法律文化社、一九六九

石尾芳久『古代の法と大王と神話』木鐸社、一九七七

石母田正『日本古代国家論　第一部』岩波書店、一九七三

市　大樹「右大殿付札考」『飛鳥藤原木簡の研究』塙書房、二〇一〇

井上光貞「帝紀からみた葛城氏」『日本古代国家の

研究』岩波書店、一九六五

　井上光貞「雄略朝における王権と東アジア」『井上光貞著作集　五』岩波書店、一九八六

　井上光貞『天皇と古代王権』岩波現代文庫、二〇〇〇

　大脇　潔「蘇我氏の氏寺からみたその本拠」『堅田直先生古希記念論文集』一九九七

　大脇　潔「聖徳太子関係の遺跡と遺物」『聖徳太子事典』柏書房、一九九七

　加藤謙吉『蘇我氏と大和王権』吉川弘文館、一九八三

　加藤謙吉『大和政権と古代氏族』吉川弘文館、一九九一

　門脇禎二『新版　飛鳥』日本放送出版協会、一九七七

　門脇禎二『葛城と古代国家』教育社、一九八四

　狩野　久『発掘文字が語る　古代王権と列島社会』吉川弘文館、二〇一〇

　亀田　博『日韓古代宮都の研究』学生社、二〇〇〇

　河上邦彦「御所市水泥塚穴古墳」『奈良県古墳発掘調査集報 II』奈良県教育委員会、一九七八

苏我氏的兴亡

河上邦彦『大和葛城の大古墳群』新泉社、二〇〇
六

川尻秋生「仏教の伝来と受容」『古墳時代の日本列
島』青木書店、二〇〇三

川尻秋生「飛鳥・白鳳文化」『岩波講座　日本歴史
2』岩波書店、二〇一四

岸　俊男「光明立后の史的意義」『日本古代政治史
研究』塙書房、一九六六

岸　俊男『藤原仲麻呂』吉川弘文館、一九六九

岸　俊男『日本の古代宮都』岩波書店、一九九三

喜田貞吉「国史と仏教史」『喜田貞吉著作集3』平
凡社、一九八一

木本好信『藤原四子』ミネルヴァ書房、二〇一三

熊谷公男「蘇我氏の登場」『継体・欽明朝と仏教伝
来』吉川弘文館、一九九九

倉住靖彦「那津官家の修造」『大宰府古文化論叢
上』吉川弘文館、一九八三

倉本一宏『日本古代国家成立期の政権構造』吉川
弘文館、一九九七

倉本一宏「大王の朝廷と推古朝」『岩波講座　日本
歴史　2』岩波書店、二〇一四

黒田達也『朝鮮・中国と日本古代大臣制』京都大

学学術出版会、二〇〇七

酒井芳司「那津官家修造記事の再検討」『日本歴史』七二五、二〇〇八

坂上康俊『平城京の時代』岩波新書、二〇一一

坂元義種『古代東アジアの日本と朝鮮』吉川弘文館、一九七八

志田諄一『古代氏族の性格と伝承』雄山閣、一九八五

篠川　賢『物部氏の研究』雄山閣、二〇〇九

白石太一郎「葛城地域における大型古墳の動向」『古墳と古墳群の研究』塙書房、二〇〇〇

白石太一郎「葛城周辺の古墳からみた蘇我氏の本拠地」『大阪府立近つ飛鳥博物館　館報』一七、二〇一三

末松保和『任那興亡史』吉川弘文館、一九七一

鈴木靖民「宣化紀私考」『国学院雑誌』七一－一一、一九七〇

鈴木靖民編『古代東アジアの仏教と王権』勉誠出版、二〇一〇

須原祥二『古代地方制度形成過程の研究』吉川弘文館、二〇一一

関　晃　「大化前後の大夫について」『関晃著作集

二』吉川弘文館、一九九六

薗田香融「護り刀考」『日本古代の貴族と地方豪族』塙書房、一九九二（九一は誤植）

高島正人『奈良時代諸氏族の研究』吉川弘文館、一九八三

高島正人『藤原不比等』吉川弘文館、一九九七

高島正人『奈良時代の藤原氏と朝政』吉川弘文館、一九九九

田中　卓「『紀氏家牒』の逸文」『田中卓著作集2』国書刊行会、一九八六

塚口義信「葛城県と蘇我氏　上・下」『続日本紀研究』二三一・二三二、一九八四

塚口義信「馬見古墳群と葛城氏」『古代を考える』五九、古代を考える会、二〇〇一

塚口義信「小山田遺跡についての二、三の憶測」『つどい』三二六、二〇一五

土橋　寛『古代歌謡前注釈　日本書紀編』角川書店、一九七六

角田文衛「首皇子の立太子」「律令国家の展開」『角田文衛著作集3』法蔵館、一九八五

寺沢知子「王権中枢部の実像―大伴氏を中心に―」『古代学研究』一八〇、二〇〇八

東野治之「『続日本紀』所載の漢文作品」『日本古代木簡の研究』塙書房、一九八三

東野治之「藤原不比等伝再考」『史料学探訪』岩波書店、二〇一五

遠山美都男『蘇我氏四代』ミネルヴァ書房、二〇〇六

直木孝次郎『日本古代国家の構造』青木書店、一九五八

中田興吉『倭政権の構造　支配構造篇　上・下』岩田書院、二〇一四

中村秀重『古代氏族と宗教祭祀』吉川弘文館、二〇〇四

布目順郎『絹と布の考古学』雄山閣、一九八八

野村忠夫『古代官僚の世界』塙新書、一九六九

野村忠夫『律令官人制の研究　増訂版』吉川弘文館、一九七〇

花谷　浩「京内廿四寺について」『研究論集 XI』奈良国立文化財研究所、二〇〇〇

林屋辰三郎『古代国家の解体』東京大学出版会、一九五五

坂靖・青柳泰介『葛城の王都　南郷遺跡群』新泉社、二〇一一

日野　昭『日本古代氏族伝承の研究』永田文昌堂、一九七一。続編、一九八二

福山敏男『日本建築史研究』墨水書房、一九六八

松原弘宣『日本古代水上交通史の研究』吉川弘文館、一九八五

黛　弘道『律令国家成立史の研究』吉川弘文館、一九八二

宮崎市定「日本の官位令と唐の官品令」『古代大和朝廷』筑摩叢書、一九八八

森　浩一「日本の文字文化を銅鏡にさぐる」『日本の古代　別巻』中央公論社、一九八八

八木　充「いわゆる那津官家について」『日本古代政治組織の研究』塙書房、一九八六

義江明子『県犬養橘三千代』吉川弘文館、二〇〇九

吉川真司『律令官僚制の研究』塙書房、一九九八

吉川真司『飛鳥の都』岩波新書、二〇一一

吉川敏子『氏と家の古代史』塙書房、二〇一三

吉村武彦「大化改新詔に関する覚書」『千葉史学』一、一九八二

吉村武彦『日本古代の社会と国家』岩波書店、一九九六

吉村武彦「古代の恋愛と顔・名・家」『日本古代の国家と村落』塙書房、一九九八

吉村武彦『ヤマト王権』岩波新書、二〇一〇

和田　萃「紀路と曽我川―建内宿祢後裔同族系譜の成立基盤―」『古代の地方史　三』朝倉書店、一九七九

『岩波古語辞典　補訂版』岩波書店、一九九〇

『角川世界史辞典』角川書店、二〇〇一

『角川日本地名大辞典29』「奈良県」角川書店、一九九〇

『古語大辞典』小学館、一九八三

『古代地名大辞典』角川書店、一九九九

『時代別国語大辞典　上代編』三省堂、一九六七

『日本考古学事典』三省堂、二〇〇二

『日本古代氏族人名辞典』吉川弘文館、一九九〇

『年中行事大辞典』吉川弘文館、二〇〇九

飛鳥資料館『山田寺展』一九八一

飛鳥資料館カタログ第11冊『山田寺』一九九六

明日香村『続　明日香村史』二〇〇六

明日香村教育委員会『牽牛子塚古墳発掘調査報告書』二〇一三

石川県埋蔵文化財センター編『石川県加茂遺跡出

土加賀郡牓示札』大修館書店、二〇〇一

　大阪府立近つ飛鳥博物館『河内湖周辺に定着した渡来人』二〇〇六

　橿原考古学研究所『飛鳥京跡 III』二〇〇八

　橿原考古学研究所「小山田遺跡第 5、6 次調査」（現地説明会資料）、二〇一五

　橿原考古学研究所附属博物館『葛城氏の実像』二〇〇六

　橿原市教育委員会「菖蒲池古墳の発掘調査」（記者発表資料）、二〇一三

　宮内庁書陵部『書陵部紀要』四五、一九九四

　仙台市教育委員会『郡山遺跡発掘調査報告書　総括編（1）（2）』二〇〇五

　奈良国立文化財研究所『飛鳥寺　発掘調査報告書』真陽社、一九五八

　奈良文化財研究所『大和　吉備池廃寺』吉川弘文館、二〇〇三

　※如无特别说明，本书所引《日本书纪》摘自日本古典文学大系，《续日本纪》《万叶集》摘自新日本古典文学大系，《古事记》摘自日本思想大系，律令也参考了日本思想大系（皆为岩波书店刊行）。

年　表

公历	和历
57	倭奴国王向东汉朝贡（《后汉书》）。被授予"汉委奴国王"印（金印）。
107	"倭国王帅升"一行，向东汉献上"生口百六十人"。
146	桓帝（146～167在位）至灵帝（167～189在位）时期，相传倭国大乱。
239	倭女王卑弥呼遣使曹魏，被称"亲魏倭王"。
248	此间，卑弥呼去世，壹与即位。
382	相传葛城袭津彦（沙至比跪）被派遣至朝鲜半岛讨伐新罗（《百济记》）。
391	相传倭破百济、新罗，使为臣民（广开土王碑文）。
421	倭赞入贡南朝宋（倭五王时代）。
425	倭赞派遣司马曹达为外交使节前往南朝宋。
438	南朝宋封珍为安东将军、倭国王，另批准了倭隋等十三人平西将军等称号。
443	济向南朝宋朝贡，被封安东将军、倭国王。
462	南朝宋封兴为安东将军、倭国王。
471	带有"辛亥年"铭文的稻荷山古坟出土金错铭铁剑。
478	武上表南朝宋，被封"使持节，都督倭、新罗、任那、加罗、秦韩、慕韩六国诸军事，安东大将军，倭王"。
503	带有"癸未年"铭文的隅田八幡神社所藏人物画像镜。

公历	和历	内容
507	继体一	继体天皇自越而来，于河内即位。
526	二十	继体迁都大和磐余（异传记为七年）。

苏我氏的兴亡

续表

公历	和历	内容
531	二十五	继体卒（《日本书纪》《百济本记》）。
534	安闲一	武藏国造地位争端。
535	二	安闲天皇卒，桧隈高田皇子即位（宣化天皇）。
536	宣化一	大伴金村、物部麁鹿火再任大连，苏我稻目任大臣，于筑紫那津修建官家。
538	三	佛教从百济传入（佛教公传，《上宫圣德法王帝说》等）。
539	四	宣化卒，钦明天皇即位，大伴金村、物部尾舆再任大连，苏我稻目再任大臣。
540	钦明一	大伴金村因任那问题倒台。
552	十三	佛教从百济传入（佛教公传，《日本书纪》），苏我稻目表示明确接受佛教的意图，并接受百济圣明王赠予的释迦佛金铜像。
555	十六	派遣苏我稻目等人在吉备修建白猪屯仓。
571	三十二	钦明卒。
572	敏达一	敏达天皇即位，物部守屋再任大连，苏我马子任大臣。
576	五	额田部皇女立后。
585	十四	敏达卒，用明天皇即位。在敏达的悼念仪式上，苏我马子与物部守屋的对立公开化。
586	用明一	穴穗部皇子令物部守屋斩杀三轮逆。
587	二	用明向群臣发起接纳佛教的审议。用明卒，苏我马子杀死穴穗部皇子、宅部皇子。随后，苏我马子杀死物部守屋，物部氏本宗灭亡。泊濑部皇子即位（崇峻天皇）。
588	崇峻一	飞鸟寺开始修建。
589	二	隋统一中国。
592	五	苏我马子暗杀崇峻，额田部皇女在丰浦宫即位（推古天皇）。
593	推古一	厩户皇子（圣德太子）立太子。
594	二	推古颁布佛教兴隆诏。

续表

公历	和历	内容
600	八	第一次遣隋使。
603	十一	迁都小垦田宫。制定冠位十二阶制(翌年施行)。
604	十二	厩户皇子制定宪法十七条。
605	十三	厩户皇子移住斑鸠宫。斑鸠寺(法隆寺)或于此时动工。
607	十五	设置壬生部。派遣小野妹子至隋。
612	二十	苏我马子向推古献酒杯,并咏和歌。
618	二十六	高句丽传来隋灭亡消息。
620	二十八	厩户皇子、苏我马子编撰《天皇记》《国记》。
622	三十	厩户皇子卒于斑鸠宫。
624	三十二	苏我马子向推古求封葛城县,未果。
626	三十四	苏我马子卒,其子虾夷或被任命大臣(《扶桑略记》)。
628	三十六	推古卒,苏我虾夷杀死同族的境部摩理势。 唐统一中国。
629	舒明一	田村皇子即位(舒明天皇)。
630	二	宝皇女立后,犬上三田锹、惠日等人成为遣唐使出使唐。迁宫飞鸟冈本宫。
639	十一	百济宫、百济大寺开始建设。
641	十三	舒明卒。
642	皇极一	宝皇女即位(皇极天皇)。苏我虾夷再任大臣。虾夷之子入鹿称自执国政。苏我虾夷在葛城高宫建祖庙,为八佾之舞。另建今来双墓。
643	二	迁宫飞鸟板盖宫。苏我虾夷向入鹿私授紫冠,拟大臣位。入鹿袭击斑鸠的山背大兄,逼其自尽。
644	三	苏我虾夷、入鹿在甘橿原并建宅邸,加强战备。
645	大化一	乙巳之变。苏我入鹿遭暗杀,翌日,虾夷自尽。皇极让位,轻皇子即位(孝德天皇)。中大兄被封皇太子,阿倍内麻吕任左大臣,苏我仓山田石川麻吕任右大臣。颁布《东国国司诏》。古人大兄被杀害。迁都难波。

苏我氏的兴亡

公历	和历	内容
646	二	颁布《改新之诏》。继而颁布《薄葬令》等关于社会风俗改革的诏书。废除品部。
647	三	制定七色十三阶冠制。在越修建渟足栅。
648	四	废除古冠(冠位十二阶制),施行新冠。在越修建磐舟栅。
649	五	制定冠位十九阶。阿倍内麻吕卒。苏我仓山田石川麻吕因"谋反"之嫌自尽。苏我日向遭左迁。评制开始实施(《常陆国风土记》)。
650	白雉一	改元"白雉"。
652	三	难波长柄丰碕宫建成。
653	四	中大兄与孝德不和,携皇后返回飞鸟。
654	五	孝德卒。
655	齐明一	皇极天皇重祚(齐明天皇)。
656	二	迁宫后飞鸟冈本宫。齐明推进"狂心之渠"等土木工程。
658	四	有间皇子遭苏我赤兄以"齐明三失政"挑拨,最终被杀害。
660	六	中大兄造漏刻。百济遭新罗－唐联军攻击并灭亡的消息传至日本。
661	七	齐明为救援百济,移驾筑紫朝仓宫。齐明卒于朝仓宫。
662	天智一	中大兄以皇太子身份执政。
663	二	倭－百济联军在白村江之战惨败于新罗－唐联军。
664	三	甲子之宣。大臣苏我连子卒。
667	六	迁都近江大津宫。修建大和高安城、赞岐屋岛城、对马金田城。
668	七	中大兄正式举行即位仪式(天智天皇)。倭姬立后。苏我仓山田石川麻吕、苏我赤兄之女封嫔。
669	八	天智向中臣镰足授大织冠,赐姓"藤原"。翌年,镰足卒。
670	九	制作全国户籍的庚午年籍。

公历	和历	内容
671	十	大友皇子任太政大臣,苏我赤兄任左大臣,中臣金任右大臣。天智病重。大海人皇子前往吉野。天智卒,大友皇子执掌政务。
672	天武一	壬申之乱。近江军大败,大友皇子自杀。左大臣苏我赤兄等人被流放。大海人皇子经飞鸟冈本宫迁往飞鸟净御原宫。
673	二	大海人皇子于净御原宫即位(天武天皇)。鸬野皇女立后。
675	四	废除部曲。
679	八	天武、皇后,于吉野宫与诸皇子誓约。
681	十	律令编撰开始。草壁皇子立太子。
683	十二	大津皇子参与朝政。轻皇子(后来的文武天皇)诞生。
684	十三	制定八色姓,规定新身份秩序(苏我系石川臣改姓石川朝臣)。
686	朱鸟一	天武患病,政务交由皇后、皇太子。天武卒。鸬野皇后称制。大津皇子因"谋反"被逼自尽。
687	持统一	
689	三	藤原不比等任判事。草壁皇子卒。设置撰善言司。颁布《净御原令》。
690	四	鸬野皇后即位仪式(持统天皇)。根据户令制作庚寅年籍。
694	八	迁都藤原宫。
697	文武一	轻皇子立太子。持统让位,轻皇子即位(文武天皇)。藤原不比等之女宫子入宫。
698	二	天皇传诏,将"藤原"之姓限定于不比等一系。
700	四	《大宝令》完成(翌年施行),给刑部皇子、藤原不比等等人赐禄。
701	大宝一	改元"大宝"。律完成(翌年施行),律令齐备。藤原不比等之子武智麻吕出仕。文武与藤原宫子生下首皇子。
702	二	持统太上天皇卒。
704	庆云一	改元"庆云"。

苏我氏的兴亡

公历	和历	内容
707	四	文武下宣命，表彰藤原不比等对历代天皇的奉仕。文武卒，其母阿閇皇女即位（元明天皇）。设置授刀舍人寮。
708	和铜一	改元"和铜"。平城迁都之诏。不比等任右大臣。发行和同开珎。
710	三	迁都平城。
712	五	《古事记》编撰完成。
714	七	首皇子立太子。
715	灵龟一	元明让位，冰高内亲王即位（元正天皇）。改元"灵龟"。
716	二	藤原不比等之女安宿媛（光明子）入宫与首皇子结婚。
717	养老一	左大臣石上麻吕卒。不比等之子房前任参议。改元"养老"。
718	二	首皇子与光明子诞下阿倍皇女。元正命藤原不比等等人制定《养老律令》。
719	三	允许五位以上贵族家中设置家政机构。
720	四	《日本书纪》编撰完成。藤原不比等卒。
721	五	元明太上天皇卒。藤原武智麻吕任中纳言。
724	神龟一	元正天皇让位，首皇子即位（圣武天皇）。改元"神龟"。
727	四	光明子诞下皇子。皇子立太子。
728	五	皇太子卒。圣武的夫人县犬养广刀自诞下安积亲王。
729	天平一	长屋王因"谋反"之嫌自尽。藤原武智麻吕任大纳言。光明子立后。改元"天平"。
731	三	藤原宇合、麻吕同时成为参议。
736	八	向葛城王赐母姓橘宿弥。
737	九	藤原四兄弟因天花卒。
738	十	阿倍内亲王立太子。
740	十二	藤原广嗣之乱。
741	十三	发布国分寺修建诏书。

公历	和历	内容
743	十五	垦田永年私财法。发愿立大佛。
744	十六	相传安积亲王因脚病卒。
748	二十	石川年足成为参议。元正太上天皇卒。
749	天平胜宝一	改元"天平感宝"。圣武让位于阿倍皇太子(孝谦天皇)。改元"天平胜宝"。设置紫微中台。
752	四	大佛开光供养。
756	八	圣武太上天皇卒。道祖王立太子。
757	天平宝字一	道祖王废太子。大炊王立太子。橘奈良麻吕之乱。改元"天平宝字"。
758	二	孝谦让位,大炊王即位(淳仁天皇)。藤原仲麻吕任太保(右大臣)。
760	四	藤原仲麻吕任太师(太政大臣)。

索　引

原则上以日文新假名五十音顺序排列。人名处省略"臣""连"等可婆根姓。其他汉字表述可能与正文表述存在若干差异。

· 255 ·

苏我氏的兴亡

苏我氏的兴亡

258

苏我氏的兴亡

264

苏我氏的兴亡

图表来源

（制作插图和表格时用作参考之物，包含部分改动之处。无记载者为自制图。）

图 0 - 1：岸俊男『日本の古代宮都』岩波書店，1993，15 頁

图 1 - 1：坂靖・青柳泰介『葛城の王都　南郷遺跡群』新泉社，2011，15 頁

图 2 - 1：白石太一郎『古墳と古墳群の研究』塙書房，2000，144 頁

图 2 - 3：制作 - 白石太一郎，大阪府立近つ飛鳥博物館『百舌鳥・古市古墳群　出現前夜』2013，11 頁

图 2 - 4：白石太一郎『古墳からみた倭国の形成と展開』敬文舍，2013，241 頁

图 2 - 5：新訂増補国史大系『尊卑分脈』第 4 編，吉川弘文館，1967，239 頁

表 2 - 2：吉村武彦『シリーズ日本古代史②　ヤマ

ト王権』岩波新書，2010，137 頁

图 2 - 8：酒井龍一他『奈良大学ブックレット 03 飛鳥と斑鳩』ナカニシヤ出版，2013，66 頁

图 2 - 9：礪波護・武田幸男『世界の歴史 6　隋唐帝国と古代朝鮮』中央公論社，1997，350 頁

图 2 - 10：『書陵部紀要』第 45 号，1994，90 頁

图 3 - 1：（上）大脇潔「飛鳥・藤原京の寺院」，木下正史・佐藤信編『古代の都 1　飛鳥から藤原京へ』吉川弘文館，2010，199 頁／（下）前載『飛鳥と斑鳩』24 頁

图 3 - 2：吉村武彦『聖徳太子』岩波新書，2002，68 頁

图 3 - 3：吉村武彦『女帝の古代日本』岩波新書，2012，85 頁

图 3 - 4：照片提供——明日香村教育委員会

图 3 - 5：小澤毅『日本古代宮都構造の研究』青木書店，2003，37 頁

图 3 - 6：前載『飛鳥と斑鳩』46 頁

图 3 - 7：前載『飛鳥から藤原京へ』207 頁

图 4 - 1：新潟市歴史博物館『西暦 647 年にいがた』2007，15 頁

图 4 - 2：收藏 - 大阪歴史博物館，大阪歴史博物館

『特別展　大阪遺産　難波宮』2014，11頁

　　図4-3：飛鳥資料館カタログ第11冊『山田寺』1996，25頁

　　図4-4：收藏-奈良文化財研究所，飛鳥資料館カタログ第13冊『飛鳥のイメージ』2001，16頁

　　図5-2：『新日本古典文学大系12　続日本紀　一』岩波書店，1989，455頁

图书在版编目（CIP）数据

苏我氏的兴亡／（日）吉村武彦著；吕灵芝译. --
北京：社会科学文献出版社，2019.4
ISBN 978 - 7 - 5201 - 4108 - 6

Ⅰ.①苏…　Ⅱ.①吉…②吕…　Ⅲ.①氏族 - 研究 -
日本　Ⅳ.①K833.130.9

中国版本图书馆 CIP 数据核字（2018）第 298035 号

苏我氏的兴亡

著　　者／〔日〕吉村武彦
译　　者／吕灵芝

出 版 人／谢寿光
项目统筹／董风云　沈　艺
责任编辑／沈　艺　续昕宇

出　　版／社会科学文献出版社·甲骨文工作室（分社）
　　　　　（010）59366527
　　　　　地址：北京市北三环中路甲 29 号院华龙大厦　邮编：100029
　　　　　网址：www.ssap.com.cn
发　　行／市场营销中心（010）59367081　59367083
印　　装／三河市东方印刷有限公司

规　　格／开本：889mm×1194mm　1/32
　　　　　印张：8.75　字数：159千字
版　　次／2019 年 4 月第 1 版　2019 年 4 月第 1 次印刷
书　　号／ISBN 978 - 7 - 5201 - 4108 - 6
著作权合同
登记号／图字 01 - 2018 - 0542 号
定　　价／56.00 元